एक और लाल तिकोन

नरेन्द्र कोहली

डायमंड बुक्स

www.diamondbooks.in

प्रकाशक : **डायमंड पॉकेट बुक्स (प्रा.) लि.**
X-30 ओखला इंडस्ट्रियल एरिया, फेज-II
नई दिल्ली-110020
फोन : 011-40712200
ई-मेल : wecare@diamondbooks.in
वेबसाइट : www.diamondbooks.in
संस्करण : 2026
मुद्रक : रेप्रो (इंडिया)

Ek Aur Lal Tikon
By : Narendra Kohli

संची और सुरभि के नाम
जिन्होंने मुझे जीवन के
यथार्थ के प्रति सचेत किया।

लेखकीय

प्रस्तुत संग्रह में मेरी सत्ताईस रचनाएं संगृहीत हैं, जो विभिन्न पत्रिकाओं में 'कहानी' अथवा 'हास्य-व्यंग्य' की विधाओं के अंतर्गत प्रकाशित हुई हैं। मेरी अपनी दृष्टि में, इनमें से अधिकांश कहानियां ही हैं, किंतु कुछ ऐसी रचनाएं भी हैं, जो 'कहानी' के अंतर्गत स्वीकार नहीं की जा सकतीं।

इनमें हास्य कम है, व्यंग्य ही अधिक है। ये रचनाएं मैंने परिहासपूर्ण हल्की मन:स्थिति में नहीं लिखी हैं–किसी मानसिक यातना से भीतर-ही-भीतर ऐंठते हुए, अत्यंत पीड़ा की अवस्था में, इन रचनाओं से सृजन हुआ है। अत: इन्हें मैं हल्की अथवा अगंभीर रचनाएं न मानकर अत्यंत गंभीर साहित्य की कोटि में मानता हूं। वे वैयक्तिक अथवा सामाजिक परिस्थितियां, जिन्होंने मुझसे यह सब लिखवाया, अगंभीर अथवा तुच्छ नहीं थीं।

'इश्क एक शहर का' तथा 'संदर्भ प्रेम-प्रसंग का' रचनाएं 'धर्मयुग' में मेरे उपनाम 'कनिष्क कात्यायन' के साथ प्रकाशित हुई थीं। अब उस उपनाम की आवश्यकता नहीं रही, अत: उन दोनों रचनाओं को भी संग्रह में सम्मिलित कर लिया है।

— नरेन्द्र कोहली

अनुक्रम

संस्कृति से बिछुड़ने का रोग

बच्चा रात-भर नहीं सोया। थोड़ी देर सोता भी तो फिर जागकर रोने लगता। रोता तो बहुत जोर से रोता। वह इतना रोया कि मुझे शक हो गया कि उसके भीतर किसी बहुत ही सबल राष्ट्रीय आत्मा का निवास है। क्योंकि, इतना अधिक तो देश की दुर्दशा पर रोने वाले भी बहुत मुश्किल से ही रोएंगे। मैं रात-भर सोचता रहा कि बच्चा यदि इस अभ्यास को बनाए रखेगा तो उसे पर-राष्ट्रमंत्रालय में एक अच्छी-सी नौकरी मिल सकती है। वे लोग उसे संयुक्त-राष्ट्र में अपने देश का पक्ष लेकर रोने की नौकरी दे सकते हैं। विदेशों में अपने देश के लिए चंदा इकट्ठा करने के लिए रोने का काम सौंप सकते हैं या फिर शत्रु-राष्ट्रों के दूतावासों के गेट पर बैठकर निरंतर रोने की ड्यूटी लगाई जा सकती है। पर पता नहीं, वह बड़ा होने तक इसी प्रकार रो भी सकेगा कि नहीं।

सुबह मैं बच्चे को अपने वैद्य जी के पास ले गया। सुबह-सुबह ही मेरे मन में यह संदेह जागा था कि बच्चा अभ्यास से नहीं, किसी रोग की पीड़ा से रोता रहा है। अच्छा हो कि वैद्यराज को दिखा ही लिया जाए।

वैद्यराज बड़ी देर तक उसकी नब्ज पकड़कर बैठे रहे और आंखें मिचमिचाते रहे और मैं डरता रहा कि कहीं वे भी न रो पड़ें। पर वे रोए नहीं। थोड़ी देर बाद बड़ी करुण आवाज में बोले, ''इस बालक को अपने देश की संस्कृति से बिछुड़ जाने का रोग है।''

मैंने मन-ही-मन अपने घर में पड़ी हजारों रुपयों की मेडिकल बुक्स को तीली दिखाई और पूछा, ''यह कौन-सा रोग है, महाराज?''

''होता है, यह भी एक रोग होता है।'' वे अपने हाथ की अंगूठी को फिराते हुए बोले, ''अभी बताता हूं कि यह क्या होता है।''

फिर वे थोड़ी देर तक सोचते रहे कि वह क्या होता है और तब बोले, ''हम अपने देश की संस्कृति से इतनी दूर चले आए हैं कि हमारे यहां पैदा होने वाले बच्चों

की आत्माएं भूखी रह जाती हैं। जिस प्रकार बच्चे का भूखा पेट रोता है, वैसे ही बच्चे की भूखी आत्मा भी रोती है।''

''इसका उपचार क्या है, महाराज?'' मैंने पूछा।

वे बोले, ''उपचार भी करता हूं।''

वैद्यराज अपने स्थान से उठकर दुकान के पिछवाड़े में स्थित अपने घर में चले गए। मैं यह सोचकर बैठा रहा कि वैद्यराज का लंच-टाइम हो गया होगा। भोजन पा लेंगे तो आ जाएंगे। सोचा, मैं भी उनके कुछ चूर्ण और भस्म खाकर सो रहूं। पर कैसे सोता, बच्चा मेरी गोद में लेटा, मुझे बिटर-बिटर देख रहा था। मैं यदि सोने का प्रयत्न करता तो वह रोने लगता।

वैद्यराज बहुत जल्दी लौटे। उनके हाथ में बहुत पुराना-सा एक ग्रामोफोन था। वह शायद ग्रामोफोन का सबसे पुराना मॉडल था। उन्होंने ग्रामोफोन में धड़ाधड़ चाबी दी और ढूंढ़-ढांढ़कर एक पुराना सड़ा-सा रिकार्ड उस पर लगा दिया।

रिकार्ड में से शास्त्रीय संगीत की रीं रीं-टीं टीं निकली तो बच्चे ने चौंककर गर्दन उठा ली।

वैद्यराज ने ताली बजाई, ''देखो, संस्कृति का पान कर रहा है।''

और थोड़ी ही देर में बच्चा बोर होकर सो गया।

मैं भौचक होकर कभी वैद्यराज को देख रहा था और कभी बच्चे को। जो बच्चा रात-भर नहीं सोया था और चीखता रहा था, उसे शास्त्रीय संगीत ने कितनी जल्दी सुला दिया। मुझे उसकी विदेश मंत्रालय वाली नौकरी पर यह बड़ा भारी खतरा लगा। उसे जहां कहीं भी रोने वाली नौकरी पर भेजा जाएगा, वहां शत्रु शास्त्रीय संगीत से उसे सुला देंगे।

''यह कैसे हुआ, महाराज?'' मैंने पूछा।

''आत्मा लुप्त हो गई।'' वैद्यराज बोले।

''मैं शास्त्रीय संगीत की इस शक्ति से परिचित नहीं था, महाराज!'' मैं बोला, ''पर यदि यह इतनी बड़ी स्लीपिंग पिल है तो पुराने राजा-महाराजा लोग जरूर अनिद्रा रोग के रोगी होते होंगे, जो गायकों को अपने दरबारों में रखते थे।''

''नहीं, उसका कारण दूसरा था।'' वैद्यराज ने प्रकाश डाला, ''वे लोग अनिद्रा रोग के रोगी नहीं थे। वस्तुत: वे लोग अपने दरबार के इन गायकों के संगीत के माध्यम से दरबारियों को सुलाकर, या उनींदा करके अपनी बात मनवा लिया करते थे। दरबार में सोने की परंपरा का शुभारंभ उन्हीं दिनों हुआ था। तभी तो आज भी लोग संसद भवन में जाकर सो जाते हैं। एक उपयोग और भी था। जिस प्रकार राजा लोग विषकन्या पालते थे, पहलवान पालते थे, उसी प्रकार गायकों को भी पालते

थे, ताकि अपने शत्रुओं को अपने गायकों के आलापों से सुला दें और बाद में तो बाजी ही पलट गई थी......''

वे अपनी बात बीच में ही छोड़कर हंसने लगे।

मैंने ग्रामोफोन में और एक चाबी भर दी ताकि देश की संस्कृति चलती रहे और बच्चा सोया रहे, कहीं ऐसा न हो कि वैद्यराज की हंसी से वह जाग जाए और मेरा ज्ञान अधूरा ही रह जाए।

''बाजी कैसे पलट गई?'' मैंने पूछा

''हुआ यह कि गायकों को अपने संगीत का मूल्य ज्ञात हो गया और उन्होंने अपने ही राजा को सुलाने की धमकी दी। तानसेन ने अपना अभ्यास अकबर के सामने करना आरंभ कर दिया और अकबर सदा ही उनींदा रहने लगा। उन्हीं दिनों उसके उनींदेपन से लाभ उठाकर शहजादा सलीम विद्रोह कर बैठा था। तब अकबर ने तानसेन को बहुत समझाया। उसे बहुत सारा धन दिया और उसे बीरबल के साथ वाला कमरा दे दिया। उससे उसे दुहरा लाभ हुआ। एक तो फिर तानसेन ने उसे सुलाया नहीं और दूसरे बीरबल बहुत ज्यादा सोने लगा और अकबर को राज-काज के लिए अधिक समय मिलने लगा, नहीं तो 'आइने-अकबरी' में भी अकबर को चुटकुले ही लिखवाने पड़ते। औरंगजेब ज्यादा चालाक था, उसने अपने दरबार में ही नहीं, अपने आस-पास कहीं भी कोई गायक नहीं रहने दिया था।''

''पर यह संस्कृति से बिछुड़ने का रोग कब से चला है?'' मैंने बात बदल दी।

''औरंगजेब के समय से ही चला है। उसने सारे जीवन में एक बार भी संगीत नहीं सुना था। पर अब यह रोग जड़ से समाप्त हो जाएगा।'' उनके नयनों में तेज उतर आया, ''मैं इसे जड़ से उखाड़ दूंगा। मैंने संगीतमयी गोलियां बनाई हैं। एक गोली खा लो, आत्मा तृप्त होकर सो जाती है। मैंने कालिदास के नाटकों का भस्म बनाया है, कथकली का चूर्ण बनाया है। कोई चीज नहीं छोड़ी। संस्कृति का प्रत्येक तत्त्व मैंने अपनी औषधियों में प्रस्तुत कर दिया है। अब कोई भी राष्ट्रीय आत्मा भूखी रहकर रात-भर नहीं रोएगी। रोने वाली आत्माएं, स्वतंत्रता से पहले-पहले ही मर गईं। अब सारी आत्माएं मेरी औषधियां खाकर संस्कृति से भरपूर होकर सो जाती हैं। मैंने देश के हर बड़े नेता को, जिला स्तर तक शास्त्रीय संगीत की गोलियां खिलाई हैं और हमारा हर नेता सो रहा है। सोना हमारी संस्कृति है। है न चमत्कार। देखोगे?'' उन्होंने मुझसे पूछा।

मैं बिना कुछ समझे, उनकी ओर देखता रहा और उन्होंने शीशी से एक गोली निकाली, अपने मुंह में डाली और कुर्सी पर ही सो गए।

❑❑❑

कथा पुरानी मैत्री की

उन दोनों की मैत्री बहुत पुरानी थी।

जान-पहचान जरा-सी गहरी होने लगी थी कि पहले ही दिन लड़की ने बात साफ कर देना उचित समझा। कहीं यह न हो कि यह हजरत प्रेम का दम भरने लगें। ऐसी गलतफहमियां कष्टकर होती हैं। उसने बता दिया कि दूर के कोई रिश्तेदार हैं उसके। दूर के ही सही, पर हैं तो रिश्तेदार। और उन्हीं के बेटे के साथ उसके रिश्ते की बातचीत चल रही है। जब बातचीत चल रही है तो उसके पक्के हो जाने की भी पूरी संभावना है। कहीं यह न हो कि उधर बातचीत पक्की हो जाए और इधर प्रेम-वेम हो जाए। अच्छा है कि पहले से ही सब-कुछ स्पष्ट रहे।

लड़के के जवान दिल को जरा बुरा लगा। भला यह भी कोई सह सकता है कि कोई लड़की उससे साफ-साफ कह दे कि वह उससे प्रेम नहीं कर सकती! प्रेम को स्वीकार न करे, पर उसे नकारे तो नहीं! असल में उसका एक भ्रम टूट गया था। अपने मन में तो उसने भी स्पष्ट सोच रखा था कि वह लड़की से प्रेम नहीं करता, पर साथ ही यह भी सोच रखा था कि अभी न सही, कभी-न-कभी तो वह उससे प्रेम करेगी, वरन् उस पर बुरी तरह मरने लगेगी। और जब वह अपनी मजबूरी प्रकट करेगी, उस पर अपना मरना जताएगी तो वह कह देगा कि वह उसे पसंद तो करता है, पर उससे प्रेम नहीं करता। वह उसके लिए नहीं है। तब आई हुई चीज को ठुकराने में कितना आनंद आएगा! और जो लड़का, एक लड़की के निवेदित प्रेम को अस्वीकार कर सकता है, वह क्या नहीं कर सकता।

पर उसकी महानता का स्वप्न लड़की ने तोड़ दिया था। स्वप्न टूटने पर पीड़ा होनी चाहिए, अतः लड़के को भी हुई, पर वह जरा समझदार था। सोचा-चलो, प्रेम नहीं, दोस्ती तो स्वीकार कर रही है। दोस्ती प्रेम नामक वस्तु से कुछ अधिक आधुनिक भी है और उसमें जोखिम भी कम है।

वह इस विषय में घर आकर भी सोचता रहा। ठीक तो है! उसे उस लड़की से विवाह जब नहीं ही करना है, तो वह प्रेम न भी करे तो क्या हर्ज है। वैसे भी वह जिस लड़की से प्रेम करना चाहता है, वह लड़की कोई और ही होनी चाहिए। इस लड़की के दांत उसे एकदम पसंद नहीं थे। वे कुछ उठे हुए थे। फिर जैसा परिवार वह चाहता था, इस लड़की का परिवार भी वैसा नहीं है। तो फिर प्रेम नहीं ही हुआ तो क्या नुकसान हो गया?

फिर उनकी दोस्ती कुछ पक्की भी हो गई। कॉलेज के सहपाठियों की दोस्ती से यह कुछ अधिक बढ़ गई। दोनों एक-दूसरे के घर भी आने-जाने लगे। लड़का जरा आदर्शवादी था और लड़की हिंदुस्तानी थी, इसलिए दोनों के मिलने-जुलने में किसी प्रकार का खतरा भी नहीं था। दोनों के मां-बाप इस बात को जानते थे। लड़के के मां-बाप ने समझ लिया कि लड़की बेवकूफ है हमारे लड़के पर मरती है (और हमारा लड़का उसे पूछता भी नहीं) जैसे कि शहर की सारी लड़कियां मरती हैं। लड़की के मां-बाप ने ठीक इसके विपरीत बात सोची और लड़के को मूर्ख तथा अपनी लड़की को 'एडवांस्ड' मान लिया। (पर यह एक लड़के-लड़की की कहानी है, मां-बाप का इससे कोई ताल्लुक नहीं है। वे भूल से आ गए हैं।)

जब बात यहां तक आ गई तो लड़के और लड़की, दोनों में साहस आ गया। दोनों एक-साथ घूमने भी चले जाते थे। किसी के घर आना-जाना होता, तो भी अलग-अलग न जाते। लड़की ने अपनी दृढ़ता अधिक जताई और लड़के से कह दिया कि वह अन्य भारतीय लड़कियों के समान, अपने विवाह के पश्चात् न तो उसको पहचानने से इनकार करेगी और न ही उसे अपना भाई घोषित करेगी। वह उससे इसी प्रकार मिलती रहेगी और उसे अपनी ससुराल में भी बुलाएगी।

लड़का खुश हो गया-मन-ही-मन और ऊपर से भी। बात भी खुश होने की ही थी। एक तो उसे इतनी अच्छी मित्र मिली थी, जो जीवन-भर दोस्ती निबाहने का वचन दे रही थी और फिर वे इस देश में पहली बार यह स्थापित करने जा रहे थे कि लड़की-लड़के में भाई-बहन, प्रेमी-प्रेमिका या पति-पत्नी के अलावा भी कोई संबंध हो सकता है। देश में सुधार हो जाए, इससे बड़ी खुशी की बात किसी देश-प्रेमी के लिए और क्या हो सकती है। (वह लड़का उस लड़की का प्रेमी चाहे न हो, पर देश का प्रेमी तो था ही।)

लड़का खुश इसलिए भी था कि उसका आदर्शवादी मन यह कहता था कि देखो, वह कैसे आदर्श चरित्र का व्यक्ति है कि लड़की को-जवान लड़की को उससे कोई भय नहीं लगता। लड़कियों के नजदीक रहना उसे अच्छा लगता था, पर सबका न तो वह प्रेमी हो सकता था, न भाई। तो अब सब कुछ ठीक था।

लड़की वचन की पक्की निकली। जब वे रिश्तेदार, जिनके बेटे से उसके रिश्ते की बातचीत चल रही थी, मामला पक्का करने आए तो वह लड़के को उनसे मिलाने ले आई। 'पिताजी' या 'बाबूजी' या 'देखिए' कहकर उसने लड़के का परिचय अपने दोस्त के रूप में करा दिया। 'पिताजी' या 'बाबूजी' को लड़के से मिलकर बहुत खुशी हुई जैसी कि हर परिचय के बाद होती है। और खुशी इतनी हुई कि वे दूसरे दिन ही रिश्ते की बातचीत तोड़कर चले गए। बातचीत टूटने का दु:ख उस रिश्तेदार के बेटे को ही हुआ-बाकी सबको तो खुशी-ही-खुशी थी। लड़के को तो खुशी होनी ही थी। लड़की को भी हुई और लड़की के मां-बाप को भी। मां- बाप को इसलिए कि एकाएक उन्हें लगा था, उनकी लड़की गलत लड़के के पल्ले पड़ते-पड़ते रह गई।

पर एक बात बीच में अड़ी हुई थी। अब तक लड़के और लड़की में बहुत देर तक-कई-कई घंटे करके कई दिनों तक-यह चर्चा हुई थी कि लड़की की शादी पर लड़का उसे क्या भेंट करेगा। लड़की जीवन में अपने तरह की एक ही दोस्त थी, इसलिए लड़का उसे कोई ऐसी भारी-भरकम भेंट देना चाहता था, जो लड़की को बरसों तक उसकी याद दिलाए और उसके पति के मन में शक बनाए रखे। यदि कहीं उस भेंट के कारण उनमें अनबन हो जाए और वैवाहिक बंधन टूट जाएं तो इससे बढ़कर खुशी की बात और क्या हो सकती थी!

लड़की के मस्तिष्क में ये सारी बातें नहीं थीं। वह तो एक ही बात जानती थी कि लड़का उसका दोस्त है और उसे कोई बहुत अच्छी भेंट देना चाहता है। भला किसी दोस्त से कुछ लेने में क्या बुराई है! बहुत सोच-समझकर दोनों ने पहले से ही मिलकर एक टाइम-पीस खरीदा था। उसे अलार्म के रूप में एक बड़ी अच्छी धुन बजती थी। लड़के ने सोचा था, रोज सबेरे लड़की अलार्म सुनकर उठेगी और अलार्म के कारण उसे याद कर लिया करेगी। उसी अलार्म के कारण उसका पति सुबह से ही खिन्न हो जाएगा, दिन-भर नाराज रहेगा और रात को करवट बदलकर सो जाएगा!

दोनों ने इकट्ठे जाकर घड़ी पहले ही खरीद ली थी कि कहीं विवाह के समय लड़की न जा सकी तो मुश्किल न हो। शादी की बात अब टूट चुकी थी, लेकिन घड़ी खरीदी जा चुकी थी-और वह सिर्फ लड़की को देने के लिए थी। लड़की चाहती थी कि लड़का घड़ी उसके जन्मदिन पर दे दे, क्योंकि अब शादी न जाने कब होगी! लड़का उसे जीवन में दो बार भेंट देना नहीं चाहता था। जन्म-दिन पर घड़ी दे दी तो विवाह पर न जाने क्या देना पड़े।

उसे एक और खतरा भी महसूस हो रहा था। लड़की का रिश्ता रिश्तेदारों के बीच टूट गया था। अब कहीं यह अपनी दोस्ती से पीछे न हट जाए। बहुत ज्यादा

बेतकल्लुफ होकर कहीं यह न कह दे कि जब हम एक-दूसरे को इतना पसंद करते हैं, जात-पांत को भी नहीं मानते, दहेज भी हमें पसंद नहीं है, तो फिर हम ही आपस में शादी क्यों नहीं कर लेते? लड़का लड़की से शादी करना नहीं चाहता था। शादी कर लेने पर उन नए आदर्शों की स्थापना नहीं हो सकती थी, जिन्हें वह इस देश में स्थापित करना चाहता था।

पर लड़की ने शादी का प्रस्ताव नहीं रखा। वह जब भी मिलती, यह जरूर बताती कि किसने उसे क्या 'कॉम्पलिमेंट' दिया, किसके यहां से विवाह का प्रस्ताव आया है, किसने प्रेम-निवेदन किया .... वह उसे रोज़ जताती कि यह दुनियां कितनी बुरी है। विशेषकर इस देश का पुरुष वर्ग कितना पतित है। यहां प्रत्येक लड़की का सम्मान खतरे में है। उसे बचाए रखने के लिए कितना संघर्ष करना पड़ता है! फिर वह लड़के से कहती कि इस घोर पतित संसार में तुम एक आदर्श युवक हो। तुम जिसका हाथ पकड़ोगे, वह लड़की निहाल हो जाएगी।

पर लड़के ने उसका हाथ पकड़ने की इच्छा कभी जाहिर नहीं की। उल्टे वह, लड़की को बिना बताए, अपने लिए कोई और लड़की ढूंढ़ने लगा। पता चला कि लड़क़ी उसके मां-बाप ने (लीजिए, फिर मां-बाप आ गए!) पहले से ढूंढ रखी है और उसकी हां होने-भर की देर है। उसने हां कह दी। झट उसका विवाह हो गया।

विवाह के उपलक्ष्य में मंगल समारोह हुआ। लड़की समारोह में आई। लड़की को देखते ही लड़का एकदम डर गया। कहीं वह उसकी पत्नी से कह न बैठे कि वह उसकी दोस्त है। ऐसा हुआ तो मुश्किल हो जाएगी। कहीं उसकी पत्नी भी किसी मर्द को अपना दोस्त कहकर मिलाने लगे तो? पर लड़की समझदार थी। उसने ऐसी कोई हरकत नहीं की। उसने लड़के तथा उसकी पत्नी को बहुत-बहुत बधाई दी और बड़े-से एक पैकेट में सुंदर-सा एक गुड्डा ढेर सारी शुभकामनाओं के साथ भेंट कर गई। लड़के को लगा कि लड़की ने उसे ठग लिया है। बड़ी 'एडवांस्ड' बनी फिरती है! प्लास्टिक का गुड्डा देकर टरका गई! खैर, देख लेंगे।

कुछ दिनों के बाद लड़की फिर लड़के से मिलने आई। अपने साथ वह चार तस्वीरें लाई थी। वे उन चार व्यक्तियों की तस्वीरें थीं, जिनकी ओर से विवाह के प्रस्ताव आए थे। एक सच्चे दोस्त के नाते वह लड़के से सलाह लेने आई थी कि इनमें से किसको चुना जाए। या किसी को चुना जाए भी या नहीं? उसने अपनी दोस्ती की कसम दोहराई और कहा कि वह लड़के की अनुमति और इच्छा के बिना किसी से शादी नहीं करेगी। लड़के के मन में आया कि उसे शादी करने से मना कर दे, पर स्वयं शादी करके उसे रोकना उचित नहीं था। लड़के ने उसे सहर्ष शादी करने की अनुमति दे दी। अब प्रश्न लड़के के चुनाव का था। चूंकि वह लड़की का दोस्त था, लड़की के लिए अच्छे-से-अच्छा वर चुनना उसका कर्तव्य था। उन चारों में से

एक इंजीनियर था, एक डॉक्टर, एक लेक्चरर और एक सरकारी अफसर। लड़का बहुत देर तक उन्हें देखता रहा। अंत में उसने बात टालने के लिए लड़की से ही उसकी पसंद पूछी। लड़की को सरकारी अफसर सबसे ज्यादा पसंद था। लड़का उस सरकारी अफसर को जानता था। सरकारी अफसर एक सच्चा सरकारी अफसर था। ऊंचे लोगों में उसका उठना-बैठना था, इसलिए शराब पीता था। लड़के ने लड़की को यह बताने की आवश्यकता नहीं समझी और उसकी पसंद की खूब प्रशंसा करके जल्दी-जल्दी शादी कर लेने की सलाह दी।

लड़की की शादी हो गई। शादी के उपलक्ष्य में मंगल समारोह भी हुआ। लड़का अपनी पत्नी सहित आमंत्रित था। वह गया भी और अपनी शादी में मिले उपहारों में से एक मामूली-सा 'लैमन-सेट' भी ले गया। इस बार लड़की ने उसका परिचय अपने दोस्त के रूप में न कराकर, अपनी सहेली के पति के रूप में कराया। लड़के को यह बहुत बुरा लगा। वह चाहता था कि लड़की अपने पति से उसका परिचय अपने दोस्त के रूप में कराए, क्योंकि लड़के की पत्नी उससे बहुत दूर खड़ी, जल्दी-जल्दी पनीर के पकौड़े खा रही थी। पर लड़की ने वैसा नहीं किया। इतने में लड़के की पत्नी भी वहां आ गई और लड़का स्वयं ही वहां से टल गया।

कुछ महीनों के पश्चात् लड़की फिर लड़के से मिलने आई। उसने बताया कि उसका पति बहुत कमीना आदमी है। शराब पीता है और उस पर शक करता है। वह उसके साथ नहीं रहना चाहती थी और एक सच्ची दोस्त के नाते वह लड़के से सलाह लेने आई थी।

लड़के को बहुत खेद हुआ। उसने सरकारी अफसर के विरुद्ध बहुत-कुछ कहा। उसने यह भी कहा कि किसी पशु के साथ रहने से तो अच्छा है कि भारतीय नारी अकेली रहे, अविवाहिता रहे या विधवा रहे! उसने यह सलाह भी दी कि अब वह लौटकर अपने पति के पास वापस जाए ही न। उसने लड़की को आश्वासन दिया कि वह एक दोस्त के रूप में हर कठिनाई में उसका पूरा-पूरा साथ देगा। लड़की को जोश आ गया। उसने उठते-उठते कहा कि ठीक है, जरूरी होने पर वह तलाक भी ले सकती है।

लड़का बहुत खुश हुआ। लड़की के जाने के बाद वह बहुत देर तक सीटी बजाता हुआ कमरे में टहलता रहा। फिर वह बहुत अच्छे मूड में बाहर जाने के लिए तैयार हुआ। टैक्सी लेकर वह अपनी ससुराल गया, जहां उसकी पत्नी सबसे मिलने पहुंची हुई थी। बहुत देर तक वह अपनी सालियों के साथ चहकता रहा, फिर घड़ी देखकर, पत्नी को साथ ले, पिक्चर देखने चला गया।

❑❑❑

हिडिंबा का घर

वह मेरा बहुत ही पुराना मित्र है। तीसरी कक्षा में हम साथ-साथ पढ़ा करते थे। कब तक साथ पढ़े यह मुझे याद नहीं है। अपना पढ़ना तो मुझे याद है, पूरी तरह। पर उसके पढ़ने के विषय में ठीक कुछ नहीं कह सकता। अंत में हम दोनों ही मास्टर बन गए। मैं एक स्कूल में पढ़ाता हूं और वह एक बड़ी सी दुकान में टेलर मास्टर है।

तो उस दिन मैं अपने उसी मित्र से मिलने उसकी टेलरिंग शॉप (दुकान कहने से वह नाराज हो जाता है) पर पहुंचा था। वहां मैंने उस लड़की को देखा था। वह अपने कपड़े सिलवाने आई थी। वह कपड़ों का नाप दे रही थी और मैं अपने दिल का नाप रहा था। मेरे दिल को प्रेम करने लगने की पुरानी बीमारी है। मुझे अंग्रेजी में सोचना अधिक उपयुक्त लगता है। मेरा दिल दिन में दो-चार बार तो किसी के साथ प्रेम में गिर ही पड़ता है। तो मेरा यह दिल, उस लड़की के साथ भी प्रेम में गिर पड़ा। मैं अपने टेलर मास्टर मित्र तथा उससे मिलने आने की बात भूल गया। मुझे अपना घायल दिल और लड़की की बात याद रह गई।

मैं अपने घायल दिल के साथ बस में जा बैठा। मेरे दिल से खून चू रहा था। मेरी सारी सीट उससे भीग गई थी और उसके कारण मेरे साथ वाली सीट पर कोई बैठ नहीं रहा था। रास्ते-भर मेरे दिल से खून चूता गया।

बस लेडी श्रीराम कॉलेज के सामने से गुजरी तो मेरी हालत और भी बुरी हो गई। वहां एक खोमचे वाला चाट बेच रहा था। चाट देखकर मेरे मुंह में भी लार आ गई। पर अचानक ही, मैं मुंह में लार को भूल गया। लार को भूलना ही था कि वह चूकर मेरी कमीज पर आ गई। मैंने सुना पीछे की सीट पर बैठे एक सज्जन गंदगी के लिए मुझे कोस रहे थे और चाहते थे कि मुझ जैसे गलीज लोगों को सार्वजनिक बसों में बैठने की अनुमति नहीं होनी चाहिए। पर ऐसी बातों की मैं चिंता नहीं करता। जिस देश में भले-से-भले आदमी के चरित्र पर दिन-रात इस प्रकार लार बहती रहती

हो और उस पर मक्ख्यियां भिनभिनाती रहती हों, वहां यदि मेरी कमीज ही गंदी हो गई, तो कौन-सा अंधेरा छा गया। वैसे भी उनके कोसने से मुझे कुछ होने वाला नहीं था। मेंढकी के कोसने से सांड नहीं मरा करते। वे मेरा बस में बैठना बंद नहीं कर सकते थे। आकाश गिर पड़ेगा तो चमगादड़ अपने पैरों पर उसे रोक लेगी क्या?

पर असली बात मैं भूल गया।.... उस खोमचे वाले के पास मैंने एक और लड़की को चाट खाते हुए देखा था। मेरे कलेजे पर पहले से ठीक बगल में, एक दूसरा तीर आ लगा था और मेरा दिल दोनाली बंदूक के समान दो धाराओं में खून बहाने लगा था। मैं उस लड़की के साथ भी प्रेम में गिर पड़ा था।

जी में आया कि इस चलती बस को रोक दूं और मैं उसी खोमचे वाले से लेकर उस लड़की के सामने इतनी चाट खाऊं कि लोग अगस्त्य ऋषि के समुद्र सोखने वाले प्रसंग के साथ मेरा भी चाट का खोमचा खा जाने का प्रसंग याद रखें। पर बस थी कि भागती जा रही थी। मैं क्या कर सकता था? एक बार तो जी में आया कि अपना घायल दिल निकालकर बस के चक्कों के नीचे डाल दूं या चक्कों के साथ रगड़कर उससे ब्रेकों का काम लूं। क्या हुआ यदि भारी-भरकम बस के नीचे पिस ही जाएगा। वैसे ही दो बार घायल हो चुका है, पहले से डैमेज्ड है। दिल का क्या है, और लगवा लेंगे। फिर सोचा, बाकी तो सब ठीक है, पर दिल को जोखिम में नहीं डालना चाहिए। विदेशी डॉक्टरों ने जिन लोगों को नए दिल लगाए थे, वे भी मर गए तो अपने देश के डॉक्टरों का क्या है, जो कुत्ते की नई पूंछ तक नहीं लगा सकते। वैसे भी दिल वालों को हमेशा मरना पड़ता है। कभी कहीं मर जाते हैं, कभी कहीं। तो अच्छा यही है कि प्राकृतिक दिल के साथ ही मरा जाए।

मैंने अपने दिल को वैसे ही रहना दिया। रास्ते-भर वैसे ही खून बहता रहा। अपनी कोठरी में आया तो देखा मेरा कोठरी-पार्टनर अभी आया नहीं है, इससे अपनी सुविधा हो गई। मैंने अपने घायल दिल में लगे हुए तीर निकाल लिये। मेरे लिए ये तीर नए नहीं थे। मैं उनका मेक अच्छी तरह पहचानता हूं। और कामदेव की मुहर तो लगी ही होती है। मैंने ये तीर भी पिछले तीरों के साथ उसी डिब्बे में रख दिए। कुल मिलाकर अब मेरे पास कामदेव के दो सौ पैंतीस तीर हो चुके थे।

दिल पर मैंने डिटॉल लगाई और बड़ी गंभीरता से अपनी चारपाई पर गिरकर सोचने लगा।

मैंने अपने दिल से कहा-येस मिस्टर! ऐसे काम नहीं चलेगा। ऐसे तो रोज ही दिल घायल होगा और खून बहेगा और इस प्रकार बह-बहकर मेरे शरीर का खून ही समाप्त हो जाएगा। मुझे इस संबंध में जरूर कुछ-न-कुछ करना चाहिए।

कर मैं यही सकता था कि संयोगिता, ऐतिहासिक पात्र नहीं, मेरी रिश्ते की एक भाभी की छोटी बहन। और संयोगिता की बात याद करके मुझे लगा कि डिब्बे में जमा किए हुए सारे तीर एक साथ मेरे दिल में जा चुभे हैं। मुझे कई बार लगा था कि मैं संयोगिता से अपने नए बालूजा के जूतों से भी अधिक प्यार करता हूं। बालूजा के ये जूते मैंने अपनी साल-भर की बचत, पूरे चालीस रुपयों से खरीदे थे। इतने अच्छे जूते इससे पूर्व मैंने अपने जीवन में कभी नहीं पहने थे। पहनता तो अब भी मैं कम ही हूं, पर लेकर अपनी किताबों की अलमारी में सजा तो लिए हैं न। इन्हीं जूतों के कारण तो मैं उनके लड़के को अपने ये जूते एक दिन के लिए उधार दे दूं, ताकि वह उन्हें पहनकर अपनी होने वाली ससुराल जा सके। मैंने सोचा था कि मैं नौकरी चाहे छोड़ दूं, पर अपने जीवन के इस महानतम स्वप्न, अपने नए जूते, किसी को उधार नहीं दूंगा।

तो मुझे अकसर लगा कि मैं संयोगिता से अपने इन जूतों से भी अधिक प्रेम करता हूं। पर एक कठिनाई सामने थी। यदि मैं संयोगिता से विवाह कर लूं तो विवाह के पश्चात् उसे लेकर मैं जाऊंगा कहां। जिस कोठरी में मैं अभी अपने एक साथी के साथ रह रहा हूं, उसमें उसे नहीं लाया जा सकता और न दिल्ली में मैं कोई ऐसा मकान ले सकता हूं, जहां उसे रखा जाए। इतना किराया मैं कहां से दूंगा? हां, यदि मैं अपना सारा वेतन किराए के रूप में देना स्वीकार कर लूं, तो हो सकता है कि बहुत खोजने पर इतना स्थान मिल जाए, जहां हम दोनों साफ-सुथरे ढंग से रह सकें, पर तब हम खाएंगे क्या? और यह खाने की समस्या मुझे संयोगिता के पास नहीं फटकने देती।

पर आज अपना घायल दिल लेकर जा ही कहां सकता था! मैं संयोगिता के घर की ओर चल पड़ा।

संयोगिता के घर जाता हुआ मैं अकसर बहुत घबराता हूं। मुझे लगता है कि मैं फिर जान-बूझकर कोई पाप करने जा रहा हूं। संयोगिता जिस प्रकार मेरी ओर देखती है, वह मुझे बार-बार यह कहता है कि तू पापी है। जान-बूझकर एक भोली लड़की के जीवन के साथ खेल रहा है। और तब यह ग्लानि की भावना दूर करने के लिए मुझे कोका-कोला पीकर ट्विस्ट करना पड़ता है। और इस सबमें मेरा काफी खर्च हो जाता है। मुझे हर बार लगता है कि मुझे जाते ही संयोगिता से कह देना चाहिए, "सुन संयोगिता! आज मैं यह निश्चय करके आया हूं कि मैं तुमसे आज ही विवाह कर लूंगा।" पर यह वाक्य मेरे होंठों पर आकर रुक जाता है, क्योंकि मेरे मन में मकान की समस्या आ जाती है और मैं सारा वेतन देकर रहने का स्थान प्राप्त करने का साहस नहीं कर पाता।

संयोगिता के घर पहुंचकर मन बहुत ही खराब हुआ। उसके साथ उसके चाचा की लड़की कमला बैठी थी। कमला को देखकर मुझे उबकाई सी आने लगती है। मैंने उसका नाम हिडिंबा रखा हुआ है। जाने क्या समझती है अपने आपको! जब उसके पिताजी ने मेरे साथ उसके रिश्ते की बात की थी तो मुझे अपने ऊपर शर्म आने लगी थी। मैं बार-बार यह सोचता था और भीतर-ही-भीतर जलता था कि आखिर मुझे उसने कितना घटिया आदमी समझा कि वह कमला के रिश्ते की बात मेरे साथ करने का साहस कर सका।

पर जब आया था और वह वहां बैठी थी तो औपचारिकता के कारण उस मोटो-डब्बल से भी बात करनी पड़ी।

उसने मुझे बताया कि वह लोअर डिविजन क्लर्क से अपर डिवीजन क्लर्क हो गई है और दूसरी बात कि उसको सरकारी क्वार्टर मिलने का समय आ गया है। महीने-भर में ही उसे क्वार्टर मिल जाएगा। पर वह सोचती है कि जब तक वह कुंवारी है, वह उस क्वार्टर का क्या करेगी। उसके पिताजी को भी सरकारी क्वार्टर मिला ही हुआ है।

पहली बात से मुझ पर कोई विशेष प्रभाव नहीं पड़ा, मैं संयोगिता की ओर निहारता रहा। पर दूसरी बात सुनते ही मेरे भीतर अलौकिक क्रियाएं घटित हुईं।। मुझे लगा, मैं बदल रहा हूं। मेरे भीतर इंद्रधनुष बन-बनकर तिरोहित हो रहे हैं।

मैंने हिडिंबा की ओर देखा और मुझे लगा कि मैं स्वयं भीम हूं। मैं तो कब से, कितने जन्मों से हिडिंबा को खोज रहा हूं। जी में आया कि कुछ फिल्मी गाने गाए जाएं। दो-एक मैं गा लूं, दो-एक वह गा ले और दो-चार मिलकर गा लें।

एक सरकारी क्वार्टर। वाह, दिल्ली में एक सरकारी क्वार्टर। बस हिडिंबा से विवाह किया कि सरकारी क्वार्टर मिला। मुझे लगा, मरे मन में आज तक जितने तीर लगे, सब हिडिंबा के नाम के ही लगे। संयोगिता से मिलना तो बहानां था, मैं तो अनजाने ही हिडिंबा को देखने यहां आता था। पर अपने संकोची मन के सामने इस बात को स्वीकार करना नहीं चाहता था।

मैं उसी क्षण हिडिंबा के पिताजी से मिलने के लिए चल पड़ा। रास्ते भर सोचता गया कि उनके सामने विवाह का प्रस्ताव किन शब्दों में रखूंगा।

❑❑❑

प्रेम का देवता, मैं और एक वरदान

मैं बहुत दिनों तक रात के अंधेरे में अपने सोने के कमरे में तपस्या करता रहा। तपस्या का मुख्य रूप, मेरी दृष्टि में समाधि है। तो मैं समाधि ही लगाता रहा। पद्धति यह थी कि अपने कामों से निबटकर रात को बिस्तर पर सोते हुए मैं यह कल्पना करता कि मैं समाधि लगाने का प्रयत्न कर रहा हूं। थोड़ी ही देर में मैं दीन-दुनिया से बेखबर हो जाता, यानी मैं समाधि में चला जाता। और यह समाधि सबेरे ही समाप्त होती।

तो मेरी इस तपस्या से संतुष्ट होकर मेरे इष्टदेव-प्रेम के देवता-ने स्वप्न में मुझे दर्शन दिए। बोले, ''साधक, मैं प्रसन्न हुआ। कोई एक वरदान मांग ले।''

मैं नाराज होकर बोला, ''देवता, तुम बहुत कंजूस हो। इतने दिनों की तपस्या के बाद भी बस एक ही वरदान, न डी.ए., न कोई और एलाउंस। कुछ तो समझ से काम लो।''

देवता मेरी दिलेरी देखकर सकपका गए। बोले, ''तो कितने वरदान चाहिए तुझे, ऐ असंतुष्ट मनुष्य!''

मैंने सोचा, कितने मांगू। लगा, दो मांगे तो देवता शायद न दें। कम-से-कम चार मांगू। पूरे न भी देंगे तो रो-झीककर दो तो दे ही जाएंगे। प्रकट बोला, ''चार से कम वरदान मैं न लूंगा। इतने वरदान तो किसी भी हालत में चाहिए ही। हमारी सरकार राशन पर भी चार-पांच चीजें तो दे ही देती है। तुम तो सरकार से भी गए-बीते हो।''

देवता को इस तुलना से शरम आ गई। उसने सोचा भी नहीं था कि मैं उसकी तुलना इतने घटिया स्तर पर कर बैठूंगा। झेंपकर बोला, ''मैं दो से अधिक वरदान न दे सकूंगा। अब तुम चाहे मेरी तुलना भारत ही नहीं, उससे भी घटिया पाकिस्तान की सरकार से कर लो। आखिर हमारा वरदानों का भी सीमित कोटा ही होता है।''

''देखो देवता,'' मैं बोला, ''अपने कोटे की बात करके तुम मुझे टाल नहीं सकते। मैं जानता हूं, तुम यहां से वरदान बचाकर ले जाओगे और फिर उन बचे वरदानों को ब्लैक में बेच दोगे। मैं तुम्हारी सारी चालाकी समझता हूं।''

देवता पानी-पानी हो गया। थोड़ा-सा तो बह भी गया। मैं घबरा गया। यदि मैंने उसे और अधिक लज्जित किया और वह इसी प्रकार पानी-पानी होकर बहता गया तो एक समय आएगा कि वह समापत हो जाएगा और मैं फिर उससे वरदान भी नहीं मांग सकूंगा।

''अच्छा दो वरदान दे दो।'' मैंने कहा,

''हां, तुम दो ले लो।'' देवता ने कहा, ''पर विश्वास करो कि वरदानों का मेरा कोटा अधिक नहीं है। तुम चाहो तो मैं तुमको अपनी बहियां भी दिखा सकता हूं।''

उसकी बात मुझे ठीक लगी, क्योंकि वह किसी छोटे दुकानदार के ही समान बड़ा दीन होकर बोल रहा था।

''मांगो।'' उसने कहा।

''पहला यह कि मैं अपनी प्रेमिका की जुल्फों की छाया में रह सकूं।''

''तथास्तु। सो वी इट।'' देवता ने अंग्रेजी में कहा।

मैं समझ गया कि देवता विदेशों के दौरे से अभी-अभी लौटा है।

''और दूसरा कि मेरी प्रेमिका कभी गंजी न हो।''

''तथास्तु।'' देवता ने बड़ा बुरा-सा मुंह बनाकर, थूक गटककर कहा।

मैं समझ गया कि यह वरदान देवता को महंगा पड़ा है। पर खैर, वरदान तो मुझे मिल ही गया था।

फिर देवता गायब हो गया और मेरी नींद टूट गई।

मैं बड़े प्रसन्न मन से उठा। मैं जानता था कि मैंने देवता को बातों-ही-बातों में ठग लिया है और अब देवता को वरदान पूरा करने में कठिनाई भी हो सकती है। डर भी लगा कि कहीं वह कोई और बहाना बनाकर मेरे वरदान कैंसिल ही न कर दे।

पर ऐसा नहीं हुआ। पहला वरदान कुछ ही दिनों में पूरा हो गया।

मेरी प्रेमिका मेरी पत्नी बनकर मेरे घर आ गई और हम सुख-चैन से रहने लगे। एक दिन अचानक ही मैंने खोज निकाला कि देवता का दिया हुआ वरदान पूरा हो गया है और मैं अपनी प्रेमिका (अब मेरी पत्नी) की जुल्फों की छाया में रह रहा हूं।

हुआ यह कि जब मैं सबेरे सोकर उठा तो पाया मेरे सिरहाने पर कुछ काफी लंबे-लंबे बाल हैं, जो कदापि मेरे नहीं हो सकते। समझ गया कि यह मेरी प्रेमिका की ही जुल्फे हैं। फिर वैसी ही जुल्फें मैंने अपने कपड़ों, अपने बूटों, अपनी कंघी आदि में भी पाईं। नहाने का साबुन जो किसी फिल्म-तारिका के समान श्वेत हुआ

करता था, अब लंबी-लंबी जुल्फों की काली धारियों को धारण करने लगा। घर का कोना-कोना जुल्फ-मय हो गया।

और एक दिन खाना-खाते, मेरा मुंह कुछ अटपटी चीज पाकर बेमजा हो गया। छानबीन करने पर पता चला कि रोटी में भी मेरी प्रेमिका की जुल्फ आ गई थी, जो अपनी नादानी में मेरी जीभ स्वीकार नहीं कर पाई थी।

एक दिन मैं अपने एक मित्र को खाने की दावत देकर घर ले आया। मित्र आ गए। दावत देने से पहले भी मैं जानता था कि मैं एक बहुत बड़ा खतरा मोल लेने जा रहा हूं। वह पहले का जमाना तो रहा नहीं कि सबके घर खाने को काफी हो और आप किसी को बुलाएं तो वह आपका धन्यवाद करके आने से मना कर दे। आजकल तो लगता है कि सबका राशन घर पर चुका ही रहता है। आप किसी को कह-भर दें कि वह आपके घर पर हाजिर! तो मेरे वे मित्र भी अपने परिवार के साथ आ पधारे।

खाना खाते-खाते मुझे लगा कि देवता ने प्रेमिका की जुल्फों की छाया में रहने का वरदान काफी व्यापक रूप में दे दिया था। क्योंकि एक लंबा-सा बाल मेरे मित्र की रोटी में से भी निकल आया। मैंने जो यह देखा तो ईर्ष्या के मारे जल उठा। पर मेरे मित्र बड़े अ-रोमानी निकले। उन्होंने रोटी में जुल्फ का विरोध कुछ वैसी ही भाषा में किया जैसी भाषा में चीनी सरकार अपने विरोध-पत्र भेजती है।

मैंने अपने मित्र के क्रोध को शांत करने के लिए अपने वरदान की बात सुनाई और बताया कि मैं ही नहीं, मेरा सारा घर ही प्रेमिका की जुल्फों की छाया में जी रहा है। पर मेरे मित्र के क्रोध की बाढ़ नहीं उतरी और वे जमुना के पानी की तरह खतरे की सीमा-रेखा भी पार कर गए। बोले, ''तुम निहायत गंदे आदमी हो। जिस खाने में बाल निकलते हो, उसे कौन खा सकता है। और तुम उसकी तारीफ कर रहे हो।''

और तब से आज तक मेरे मित्र मुझसे नाराज हैं और मैं उनसे नाराज हूं।

एक दिन एक घटना और घटी।

मैं दफ्तर पहुंचा तो मेरे एक सहयोगी ने बहुत मुस्कराकर मेरा स्वागत किया और कहा, ''क्यों गुरु! आजकल कहां इश्क फरमाया जा रहा है?''

''कहीं नहीं,'' मैंने कैफियत दी, ''मैंने अपने जीवन में सिवा अपनी पत्नी के और किसी से इश्क नहीं किया।''

''तो ऐ सतियों की परंपरा के जाज्वल्य प्रतीक, यह क्या है?'' और उसने मेरे कोट के कॉलर पर से एक लंबा-सा बाल पकड़कर घसीट लिया।

मैंने उसे अपने वरदान के विषय में बताया।

वह हंसा और बोला, "बड़े चालाक बनते हो, बरखुरदार! पर यह भाभी का बाल नहीं है।"

मैंने गौर से वह बाल देखा और मैं भी समझ गया कि वह बाल मेरी पत्नी का नहीं है। मुझे अपने सहयोगी की बात का विश्वास हो गया कि मैं कहीं और भी प्रेम करने लगा हूं। और आप मेरा बिश्वास कीजिए, उस दिन से मेरा मन अपनी पत्नी से दूर भागने लगा। मैंने पाया कि घोड़े और बैल मुझे अपनी पत्नी से अधिक अच्छे लगने लगे हैं।

मैं इस गोरखधंधे को समझ न पाया और मैंने अपने इष्टदेव की उपासना फिर से आरंभ कर दी।

देवता ने मुझे दर्शन दिए।

"यह क्या हो रहा है, देवता?" मैंने पूछा।

"तुम्हारे गलत वरदान का फल।" देवता ने कहा।

"वह कैसे?" मैंने पूछा

देवता ने समझाया, "तुमने वरदान मांगा था कि वह गंजी भी न हो, तो वह अपने सिर पर नकली विग लगाकर गंजी होने से बचती रही। अब उसके सिर पर अपने बाल नहीं हैं। उसने घोड़ों और बैलों के बालों से बनी हुई विग पहन रखी है और तुम उन्हीं की छाया में रह रहे हो। इसीलिए तुम अपनी पत्नी से अधिक बैलों और घोड़ों को पसंद करने लगे हो।"

"अब क्या होगा, देवता?" मैंने पूछा।

"होना क्या है," देवता बोले, "व्यर्थ की भावना में बहकर तुमने अपनी प्त्नी के बाल नष्ट किए। इससे तो अच्छा था कि उन्हें कटवाकर तुम मुझे दे देते तो मैं उन्हें विदेशों में बेचकर कुछ विदेशी मुद्रा कमा लेता और उसके बदले में एक वरदान और दे देता। पर तुमने कुछ न कमाया। तुम्हें शायद पता ही नहीं है कि विदेशों में मानवीय केशों की कितनी मांग है।"

"तब देवता?" मैंने पूछा।

"तब क्या!" देवता बोले, "भ्रष्टाचार के एक केस के कारण मेरा तो वरदान देने का लाइसेंस ही कैंसिल हो गया है। मैं अब क्या कर सकता हूं!"

और देवता गायब हो गए।

❑❑❑

महिमा एक नाम की उर्फ परंपरा संतों की

प्राचीन परंपरा में एक रचना प्रस्तुत कर रहा हूं तो उन सारी रूढ़ियों का भी पालन करना ही पड़ेगा, जिनका पालन प्राचीन रचनाकार करते थे।

तो सबसे पहले आपको प्रणाम करता हूं और उसको भी प्रणाम करता हूं जिसके नाम की महिमा का बखान करने जा रहा हूं। फिर आपसे क्षमा चाहता हूं कि आपको कोई नई-सी बात न सुनाकर प्राचीन रूढ़ियों की बात ले बैठा हूं। आपसे क्षमा इसलिए मांगनी पड़ी क्योंकि संतों में संत तुलसीदास ने 'रामचरितमानस' के आरंभ में खलों और दुष्टों से भी क्षमा मांगी है और उनको प्रणाम किया है।

इस भूमिका के पश्चात् अब कथा आरंभ कर रहा हूं।

स्टेशन बड़ा छोटा-सा ही था। पर ऐसे स्टेशनों से अकसर मेरा पाला पड़ता रहता है। किसी भी टूरिंग एजेंट का पड़ सकता है। विश्वास न हो तो आप टूरिंग एजेंट बनकर देख लीजिए। हाथ कंगन को आरसी क्या ... हां!

तो स्टेशन छोटा-सा था और गाड़ी सामने तैयार खड़ी थी एकदम। इंजन धुआं उगल रहा था, जैसे कोई इम्पोर्टेड सिगार पी रहा हो। और फिर साथ ही सीटी-पर-सीटी बजाए जा रहा था।

मैंने टिकटघर की ओर देखा तो पाया कि वहां इस देश की परंपरा के अनुकूल लंबी लाइन लगी है। और यह मैं इतनी दूर से खड़े-खड़े ही समझ गया था कि खिड़की के अंदर बैठे टिकट बाबू को कोई जल्दी नहीं थी। कोई गाड़ी पकड़ पाएगा कि नहीं, इसकी माया उन्हें नहीं व्यापती थी। वे तो अपने देश के महान् ग्रंथ 'गीता' के अनुसार, निष्काम कर्म करते जा रहे थे टिकटें बेचना उनका काम था, कोई गाड़ी पकड़ पाए या नहीं, उनसे मतलब।

पर मैं ठहरा शठ! पापी! धार्मिक ग्रंथों के विरुद्ध आचरण करने वाला। मुझे तो इन बातों की चिन्ता रहती है। अज्ञानी जीव जो ठहरा। मुझे लगा कि यह गाड़ी निकल गई तो मुझे जिन साहब से मिलने जाना है, वे गायब हो जाएंगे और मेरा टूर बेकार हो जाएगा। कमीशन तो कम होगी ही, नौकरी के भी लाले पड़ जाएंगे।

एक ही तरीका था कि गार्ड साहब को सूचना दे दूं कि साहब मैं बिना टिकट के गाड़ी में सवार हो रहा हूं। यदि आप बुरा न मानें तो आपको जब समय मिले, मुझे टिकट बना दें। यह सूचना दे देने के पश्चात् न तो मैं बुरा काम कर रहा था न पाप।

पर गार्ड! गार्ड को कहां खोजा जाए? गाड़ी जाने को तैयार होती है तो गार्ड को खोजना वैसा ही कठिन है, जैसा डाकुओं के आ जाने पर भारतीय पुलिस को खोज पाना।

पर साहब एक महाशय नजर आए। प्लेटफार्म पर ठीक गाड़ी के पास खड़े थे और उनके हाथों में लाल और हरी झंडियां थीं। समझ गया कि ये ही गार्ड हो सकते हैं। और यदि गार्ड न भी हुए तो गार्ड जैसी ही कोई चीज होंगे। पर वे किसी से बात कर रहे थे और दो आदमियों के बीच तीसरे का बोलना-बुद्धिमानों के अनुसार-मूर्खता है। पर यदि मैं बीच में न बोला तो गाड़ी निकल जाएगी और वह और भी बड़ी मूर्खता होगी।

कभी-कभी मेरी बुद्धि बड़ी ठीक बात कहती है। मैंने अपनी बुद्धि की बात मान ली और सारा साहस बटोरकर मैं गार्ड साहब के पास जा पहुंचा। और तब वह हुआ ...... क्या कहावत है वह... जो अपनी सहायता स्वयं करता है, भगवान भी उसकी सहायता करता है.... वह व्यक्ति, जो गार्ड साहब से बातें कर रहा था, बोला, ''अच्छा तो रिज्वी साहब! फिर मिलेंगे।'' उसने अभिवादन में हाथ उठाया और चला गया।

मुझे एक दूसरी कहावत याद आ गई (बिल्ली के भागों छींका टूटा वाली)। काश मुझे इतनी कहावतें स्कूल के दिनों में याद हो जातीं (तब मैं यह टूरिंग एजेंट क्यों करता)! तो जब बिल्ली के भागों छींका टूट चुका तो मैं गार्ड साहब के पास पहुंचा और बोला, ''रिज्वी साहब!''

उन्होंने मुड़कर देखा। उन आंखों में इतना वात्सल्य था कि मुझे अपने दादाजान याद आ गए।

''कहिए।'' वे बोले।

''बात यह है, रिज्वी साहब!'' मैंने कहा, ''कि मुझे इसी गाड़ी से जाना है और टिकटघर की खिड़की पर इतनी भीड़ है कि यदि मैंने टिकट लेकर गाड़ी में बैठने की बात सोची तो यह ग़ाड़ी निकल जाएगी।''

''आप गाड़ी में बैठ जाइए।'' उन्होंने बड़े प्यार से कहा, ''अगले किसी स्टेशन पर मैं आपको टिकट बनाकर दे जाऊंगा।

''जी, बहुत मेहरबानी।'' मैंने कहा।

मैं गाड़ी में बैठ गया।

लगा रिज्वी साहब मेरे बैठने की ही प्रतीक्षा कर रहे थे, क्योंकि मेरे बैठते ही उन्होंने सीटी दे दी और गाड़ी आगे बढ़ती गई।

गाड़ी चली तो मेरे मन में एक कीड़ा रेंग गया। ऐसे कीड़े बहुधा रेंग जाते हैं। उनके पीछे तर्क क्या होता है, यह आज तक मेरी समझ में नहीं आया।

कीड़ा यह रेंगा कि यदि रिज्वी साहब मुझे टिकट देना भूल गए और कोई टिकट-चेकर आ गया तो मेरी मुसीबत हो जाएगी। उस समय कोई मेरी बात नहीं मानेगा कि रिज्वी साहब ने मुझे टिकट बनाकर देने का वचन दिया है। वैसे भी मैं इतना डरपोक आदमी हूं कि टिकट-चेकर को देखकर ही मेरे मुंह पर हवाईयां उड़ने लगती हैं (देखिए फिरा एक मुहावरा बोल गया मैं)।

मुझे अपने आप पर क्रोध आया और ग्लानि भी हुई कि आखिर मैं इतना डरता क्यों हूं और अचानक ही मैं प्रसन्न हो गया। मुझे याद आया कि यह आत्मग्लानि संतों की परंपरा से ही आई हुई चीज है। वे लोग भी मेरे ही समान अपनी जगह पर बैठे-बैठे गलते रहते थे और यही कारण है कि उनके उपदेशों को मानकर चलने वाला यह देश एकदम ही सड़-गल गया।

मैं डरता और प्रसन्न होता हुआ अपनी जगह बैठा ही रहा और गाड़ी अगले स्टेशन पर आ पहुंची।

गाड़ी रुकी और मेरी प्रसन्नता मुझे छोड़ प्लेटफार्म पर कहीं चाय पीने के लिए चल दी और मेरे पास केवल डर-ही-डर रह गया। (अपनी एक अत्यंत निजी बात बता रहा हूं। मुझे बहुधा लगा कि डर को मुझसे बहुत प्रेम हो गया है। वह कभी भी मुझे छोड़कर कहीं नहीं जाता। संतों ने भी कहा है-'भय बिनु होय न प्रीति'। तो मैं लोगों को प्रेम करता हूं, इसलिए डरता हूं।)

और फिर मेरे लिए डरना उचित भी था। उस छोटे-से प्लेटफार्म पर कई-कई टिकट-चेकर घूम रहे थे, उनमें से कोई भी किसी भी समय मेरे डिब्बे में आ सकता था। और टिकट मेरे पास में थी नहीं। मैं तब क्या करता?

हुआ भी यही।

एक टिकट-चेकर साहब मलय समीर के समान इठलाते हुए हमारे कंपार्टमेंट में घुस आए (और उसी दिन से मुझे मलय समीर से भीषण घृणा हो गई है)मैंने बहुत प्रयत्न किया कि मैं कहीं इधर-उधर खिसक जाऊं। या कम-से-कम टॉयलेट में ही घुस जाऊं। पर पैर थे कि अपने स्थान पर जम गए थे। मेरा मित्र भय मेरे ऊपर पूरी तरह से हावी हो चुका था।

वे टिकट-चेकर साहब मेरे पास तक भी आ पहुंचे। जैसे ही वे मेरे पास पहुंचे, मैंने मन-ही-मन उन्हें 'उल्लू का पट्ठा' कहा और फिर मुंह उठाकर उनकी ओर देखने लगा कि कहीं मन में कही हुई बात उन्होंने सुन तो नहीं ली। पर लगा कि मेरे मन की बात वे नहीं जानते.....

और जब टिकट लेने के लिए उन्होंने मेरी ओर हाथ पसार दिया तो मुझे बोलना पड़ा, "देखिए, वो रिज्वी साहब....."

"आप रिज्वी साहब के आदमी हैं!" उन्होंने मुझे वाक्य ही पूरा नहीं करने दिया, "कोई बात नहीं। आपको कोई तकलीफ हो तो कहिएगा।"

और इससे पहले कि मैं कुछ कहता, वे यह जा और वह जा।

मैंने खिड़की में से झांककर देखा। वे प्लेटफार्म पर टहलते हुए रिज्वी साहब के कंपार्टमेंट की ओर ही जा रहे थे। फिर मैंने यह भी देखा कि वे रिज्वी साहब से मिले और उनसे हाथ मिलाया। बातें करते रहे और मेरे कंपार्टमेंट की ओर संकेत करते रहे।

थोड़ी देर में मैंने रिज्वी साहब को अपने कंपार्टमेंट की ओर आते देखा। मैंने चैन की सांस ली। चलो, अच्छा हुआ। अब ये हजरत मुझे टिकट बना दें, तो जान छूटे। नहीं तो डर के मारे ही मेरा हार्ट फेल हो सकता था। देखिए न, शरीफ आदमी को बदनामी से तो डरना ही पड़ता है न।

तो साहब, रिज्वी साहब आए और मेरी खिड़की के पास से गुजरते हुए, हाथ मिलाकर कह गए, "मैं अभी आपको टिकट भिजवाता हूं।"

मैं क्या कहता, इससे पहले ही वे चले गए थे और गाड़ी का इंजन सीटी-पर-सीटी बजाए जा रहा था जैसे कोई बच्चा नई-नई सीटी खरीद कर शौक में मुहल्ले-भर में उसे बजाता फिरता है।

गाड़ी चल पड़ी और मैं फिर डर और प्रसन्नता के बीच का शटल कॉक हो गया।

अगले स्टेशन पर तो मुझे उतरना ही था। सोचा, वहां क्या करूंगा? वहां तो गाड़ी बहुत कम समय के लिए ठहरती थी। यदि कहीं मैं रिज्वी साहब को खोजता रहा तो काम नहीं बनेगा। पर जब भारत जैसे महान् देश के चालीस करोड़ निवासी बीस वर्षों की स्वतंत्रता के पश्चात् कुछ नहीं कर सके थे तो मैं तो अकेला था, फिर मेरे पास बीस वर्षों का समय भी नहीं था और मैं कहीं आने-जाने के लिए स्वतंत्र भी नहीं था। यदि मेरे पास भी बीस वर्षों का समय होता और आने-जाने की स्वतंत्रता होती तो अपनी टिकट तो मैं बनवा ही सकता था।

जब तक मैं कुछ करने की बात सोचता, तब तक गाड़ी अगले स्टेशन पर रुक चुकी थी। मैं झपटकर उतरा और रिज़्वी साहब के कंपार्टमेंट की ओर भागने की योजना बना ही रहा था कि गाड़ी सीटी बजाती हुई चल दी।

मैं गाड़ी को, इंजन को, उसकी सीटी को और रिज़्वी साहब को गालियां देता रहा।

पर गालियों से कोई लाभ तो होने वाला नहीं था। मेरे सामने बाहर जाने का गेट था और उस पर एक साहब वर्दी पहने हुए खड़े थे। केवल खड़े ही रहते तो मुझे कोई आपत्ति न होती, पर वे तो हर बाहर जाने वाले व्यक्ति से हाथ पसार-पसारकर टिकट मांग रहे थे। बेशरम कहीं के! जिस देश में संतों ने कहा, ''मांगन गए सो मर गए।'' उसी देश में ये खुल्लम-खुल्ला हाथ पसार-पसारकर मांग रहे थे। और उस पर तुर्रा यह कि पास ही एक सिपाही खड़ा कर रखा था कि यदि कोई मांगने से मना करे तो उसे पकड़वा भी सकें।

मेरे सामने और कोई रास्ता नहीं था, सिवाय इसके कि मैं उनके पास चला जाता और मांगने से मना करने के स्थान पर उन्हें बताता कि रिज़्वी साहब......

मैं उनके पास पहुंचा। उन्होंने मुझे देखा और जब यह देखा कि मैं उनको टिकट नहीं दे रहा और भाग भी नहीं रहा तो वे मेरे मुंह की ओर ताकने लगे अपना हाथ उन्होंने अपनी जेब में डाल लिया।

मैं हकलाया, ''जी, वो रिज़्वी साहब ......''

''ठीक है। ठीक है।'' वे नेताओं के समान मुस्कुराए, ''रिज़्वी साहब ठीक तो है न? बहुत दिनों से उनसे भेंट नहीं हुई है।''

''जी, ठीक है। अभी-अभी जो गाड़ी आई थी उसी में थे।'' मैं बोला।

''उनसे हमारा सलाम कहिएगा।'' और उन्होंने मेरे पीछे खड़े आदमी से टिकट लेने के लिए हाथ पसार दिया।

मेरे पीछे वाले व्यक्ति ने टिकट दिया और मुझे धक्का मारकर बाहर निकल गया। उसे धक्के से उबरकर मैंने पाया कि मैं भी स्टेशन से बाहर हूं और मुझे पकड़ने के लिए कोई मेरे पीछे भी नहीं भाग रहा।

मैंने संत तुलसी को मन-ही-मन प्रणाम किया और गुनगुनाया, ''राम ते बड़ राम का नामा।''

❑❑❑

प्रेम

लड़का उस लड़की ओर एकदम आकर्षित नहीं हुआ था। वह केवल बस स्टॉप पर खड़ा था। संयोग की बात कि लड़की भी रोज उसी स्टॉप से बस पकड़ती थी। सार्वजनिक स्थान था, लड़का किसी को वहां आने से रोक नहीं सकता था। और न ही वह उस लड़की के कारण उस बस स्टॉप पर आना छोड़ सकता था..... बस स्टॉप क्या उसके बाप का था.....!

वैसे वह लड़की से काफी दूर खड़ा था। स्टॉप पर खड़े होने के अंदाज में जितनी दूर वह खड़ा हो सकता था, उतनी दूर। पर फिर वह लड़की के हाथ में पकड़ी हुई किताब से आकर्षित हो गया था। पढ़ने वाला लड़का था (कोई लोफर, आवारागर्द नहीं था) इसलिए किताबों का शौक था उसे। बस किताब का नाम देखने पास चला आया था।

एक गंध उसके नथुनों में घुसपैठ कर गई तो वह क्या करता! बस मन-ही-मन कहा, 'कांता सेंट लगता है साला। घटिया। वह भी जैसे कहीं से मुफ्त मिल गया हो।'

किताब पर नजर डाली, 'ए टेक्स्ट बुक ऑफ इंडियन फिलॉसफी'। तो फिलॉसफी पढ़ती है। कैसा घटिया सब्जेक्ट है......

और तभी बस आ गई। लड़का किताब का नाम देखकर वापस अपनी जगह पर, लड़की से दूर जाकर खड़ा होना भूल गया था। सारी बस खाली पड़ी थी, पिछले स्टॉप से शुरू होती थी। लड़की इठलाती हुई जाकर एक अगली सीट पर बैठ गई।

लड़का वैसे तो कहीं भी बैठ सकता था। पर सोचा, लड़की के साथ कोई व्यक्ति तो आकर बैठेगा ही। वह सीट खाली तो रह नहीं सकती। फिर वह आदमी जाने कैसा हो। बेकार ही लड़की से सटता जाएगा, जैसे उसकी गोद में बैठना चाहता हो। ठीक है कि लड़के को उस लड़की से कुछ लेना-देना नहीं था, पर आखिर तो वह यूनिवर्सिटी में पढ़ती थी। लड़के को उसकी रक्षा तो करनी ही चाहिए। लड़का यदि उसकी साथ वाली सीट पर बैठ जाएगा तो उसे किसी इनडीसेंट आदमी के धक्के तो नहीं खाने पड़ेंगे। बदतमीज छुवनों से तो बच जाएगी वह।

लड़का बहुत जल्दी में यह सब कुछ सोच गया था और जाकर चुपचाप लड़की के साथ बैठ गया था। उससे दूर हटकर, कोई तीन-चार इंचों की दूरी छोड़कर।

लड़की ने जरा-सी गर्दन झुकाकर लड़के को देख लिया था। पहचान गई थी कि यह वही लड़का है, जो रोज उसके आस-पास मंडराया करता है और अवसर मिलने पर बस में उसके साथ बैठ जाता है।

वह समझती थी वह साथ बैठना चाहता है। पर फिर भी काफी दूरी छोड़कर बैठता है कि कहीं लड़की को छू न जाए। छूना ही नहीं है तो साथ वाली सीट पर बैठने का क्या अर्थ, जहां से आदमी बिना बदतमीजी किए सुविधा से साथ बैठे आदमी को देख भी न पाए? इससे तो अच्छा है, वह सामने वाली सीट पर बैठता। उसे देख तो पाता कम-से-कम।

शायद अपनी शराफत का रोब डाल रहा है। सोचता है कि मैं समझूंगी कि शरीफ लड़का है, इसलिए इसके गले में बांहें डाल दूंगी। मुझे क्या चिंता है। मूरख है। सटकर बैठता तो कुछ एन्जॉय ही करता। लड़की तो इतना ही कर सकती है न कि कोई सट जाए तो वह दूर न हटे। इससे ज्यादा खुलकर तो वह कुछ नहीं कर सकती। आखिर भारतीय नारी की अपनी मर्यादा है। पर कोई बात नहीं, यूनिवर्सिटी के रास्ते में इतने मोड़ हैं। मुड़ती हुई बस में तो मुझ पर गिरने का बहाना करेगा ही....

लड़के ने अपनी फाइल खोल ली। अभी कल ही नई खरीदी थी, एक रुपए दस पैसे की यूनिवर्सिटी के-ऑपरेटिव स्टोर से। वह दिखा देना चाहता है कि वह लड़की में कोई खास इंटरेस्टेड नहीं है। वैसे गॉगल्स उसने लगा ही रखे हैं। जब चाहेगा, आंखें तिरछी करके उसे देख ही लेगा।

लड़की ने फिर गर्दन झुकाकर देखा।

फाइल खोले बैठा है साला! डी. सी. सर्किट। बड़ा जैसे इलेक्ट्रिकल इंजीनियर ही बन जाएगा। जता रहा है कि फिजिक्स पढ़ता हूं। क्रीम ऑफ द यूनिवर्सिटी। इन सालों को बड़ा कंपलेक्स होता है फिजिक्स पढ़ने का....

उसने भी फाइल खोल ली। वह कौन-सी मरी जा रही है उसके लिए!

लड़के ने तिरछी नजरों से देखा-नेचर ऑफ ब्रह्म। आई साली ब्रह्माणी! क्या पढ़ती है। क्या फायदा है यह सब पढ़ने का आज की इस जेट एज में। दुनिया चांद पर जा रही है और हम पढ़ रहे हैं ब्रह्म। (देश की आत्मा की शांति के लिए यहां एक मिनट मौन रहना होगा।) .....कोई ढंग का सब्जेक्ट पढ़ती तो इससे कोई बात भी हो सकती थी। ऐसे घटिया सब्जेक्ट पर इससे कोई बात भी क्या करेगा.....

हैंड राइटिंग अच्छी है इसकी-लड़की ने सोचा-पर क्या पता है किसी और से लिखवा रखा हो। यदि यह इसी की हैंड राइटिंग है, तो इसे बोर्ड लिखने वाला पेंटर बनना चाहिए था। फिजिक्स पढ़कर क्या करेगा!

लड़के ने फाइल का पृष्ठ पलटा और ओहम्स लॉ निकाल लिया। वह सोच रहा था-ब्रह्म के विषय में पढ़कर सब्जी स्वाद बनाएगी क्या यह.....पर मुझे क्या? जो इससे शादी करेगा, रोएगा। अपना क्या है....चलो, उठो, मॉरिस नगर आ गया।

गधे ने एक बार भी टच नहीं किया-लड़की ने उदास मन से फाइल बन्द कर दी।

आज फिर वह लड़की का नाम न पूछ सका-लड़का अपने मिशन को फेलियर मान किताबें लिए उठ खड़ा हुआ।

समझता क्या है अपने आपको! लड़की अपने डिपार्टमेंट की ओर चली गई।

सारी होमियोपैथिक दवाई का असर खत्म कर दिया उसके कांता सेंट ने!-लड़के ने जेब से एक पुड़िया निकालकर दवा खा ली और फाइल समेत साइंस फैकल्टी की ओर चल पड़ा।

❑❑❑

ब्लड-बैंक की अप्सरा

वह मिली तो बोली, ''मैंने पढ़ी थी तुम्हारी आत्मकथा।''

''कौन-सी?'' मैंने पूछा।

पूछना इसलिए पड़ा, क्योंकि अपनी याद में मैंने अभी तक आत्मकथा नहीं लिखी। आत्मकथा में मैं क्या लिखूंगा-वही दाल-रोटी, राशन-पानी, मकान-सवारी और बीवी-बच्चों का रोना। भला उसे कौन पढ़ेगा-मैं जवाहरलाल नेहरू तो हूं नहीं कि अपनी आत्मकथा को ही भारत का इतिहास समझूं।

''अरे, वही।'' वह बोली, ''डिब्बा और घर', नहीं, सॉरी! 'हिडिंबा का घर'।''

मैंने सोचा कि उससे कहूं कि वह मेरी आत्मकथा नहीं है। पर फिर याद आया, हर भारतीय पाठक, लेखक की प्रत्येक रचना को उसकी आत्मकथा ही समझता है। और जब लेखक इस बात से इनकार करता है तो या तो मोह-भंग से पाठक का दिल टूट जाता है या वह लेखक को झूठा समझने लगता है। मैं न उसका दिल तोड़ना चाहता था, न यह चाहता था कि मुझे झूठा समझे। समय से बात याद आई थी। अपनी याद की पीठ ठोंककर उसे शाबाशी दी और आत्मकथा वाली बात टाल गया।

''कैसी लगी?'' मैंने पूछा।

जब कोई मेरी किसी रचना की चर्चा करता है तो मुझे समझ में नहीं आता कि क्या कहूं। मैं पूछ बैठता हूं कि कैसी लगी? और वह व्यक्ति सोचने पर मजबूर हो जाता है कि कैसी लगी? क्योंकि उसे लगी तो होती नहीं, उसने तो पढ़ी-भर होती है।

''मुझे तुम पर बहुत दया आई।'' वह बोली, ''और सोचा कि मैं तुम्हें अवश्य खोज निकालूंगी। तुमसे मिलूंगी, अपनी सहानुभूति जताऊंगी और यदि तुम माने तो तुमसे प्रेम करूंगी।''

मैंने सोचा सिर पर पैर रखकर तो मैं भाग नहीं सकता-बहुत प्रयत्न किया है। सिर पर जूते तो रख सकता हूं, पैर नहीं रख पाता। योग में गति नहीं है मेरी। अब

कहीं जाकर बीटलों ने महेश योगी को छोड़ा है। शायद अब मैं योग सीखूं और फिर सिर पर पैर रखने में सफल हो गया तो भागने का प्रबंध मैं कर लूंगा।

पर अभी तो इतना ही कर सकता था कि सिर पर पैर न सही, उसके पैरों पर सिर रख दूं या फिर केवल सादा-सिंपल भाग जाऊं। पर उसके पैरों पर सिर रखने या भागने से ज्यादा अच्छा यह लगा कि अपनी आंखें उसके चेहरे पर धर दूं और यदि चेहरा पसंद आया तो अपना दिल उसकी हथेली पर रख दूं। चरणों पर नहीं रखूंगा, वहां यदि रखा तो सिर ही रखूंगा।

उसका चेहरा अप्सरा जैसा सुंदर था। और मेरा....... यहां मुझे भारतीय संस्कृति पर बड़ा क्रोध आता है। सुंदर चेहरे के लिए तो इतने उपमान हैं कि स्वयंवर की-सी स्थिति उठ खड़ी होती है, पर कुरूपता का उपमान एक भी नहीं मिलता।

''तुम मुझसे मिलना क्यों चाहती थीं?'' मैंने बहुत घबराकर उससे पूछा।

''मैं तुमसे प्रेम करना चाहती हूं इसलिए।'' उसने बड़े भोले अंदाज में कहा।

मुझे उसके भोलेपन पर बड़ा तरस आया। ये भोले लोग बड़ा धोखा खाते हैं और बाद में बड़ी चीज को छोड़कर घटिया सी चीज स्वीकार कर लेते हैं। अब देख लो रीता फारिया को ही। डॉक्टरी छोड़कर दरजी बनने को विलायत चली गई। वैसे दरजी ही बनना था, तो इसी देश में क्या कमी थी। एक-से-एक बैठे हैं, ऐसी साड़ियां सीते हैं, एक जोड़ तक का पता नहीं चलता। साड़ियां, धोतियां, पगड़ियां तो इसी देश के दरजी सी सकते हैं। देख लो कैसी बढ़िया फिटिंग आती है।

''देखो।'' मैंने कहा, और मेरे सिर पर महान् विद्वानों की आत्माएं मंडराने लगीं, ''हमारे आलोचक आचार्य रामचंद्र शुक्ल ने कहा है, परिचय के बिना प्रेम नहीं होता। प्रेम के लिए प्रत्यक्ष दर्शन, या गुण श्रवण या......''

''प्योर हिंदी वाली बात मत करो।'' उसने मुझे टोक दिया, ''मैंने केवल हायर सैकंडरी तक हिंदी पढ़ी है। इलिए गूढ़ हिंदी मेरी समझ में नहीं आती।''

''अच्छा, गूढ़ हिंदी नहीं बोलूंगा।'' मैंने कहा, '' पर यह तो बता दो कि तुम मुझसे प्रेम करना क्यों चाहती हो?''

''तुमसे ही नहीं,'' उसने कहा, ''मैं तुम-जैसे बहुत सारे लोगों से प्रेम करना चाहती हूं।''

''क्यों पर?'' मैंने पूछा।

''इसलिए कि मैं ब्लड-बैंक में काम करती हूं।''

मैं ठहर गया। मैंने जब से उसे देखा था, मुझे लग रहा था कि उसका खून के साथ कोई रिश्ता है। मेरे साथ खून का रिश्ता नहीं, उसका अपना ही खून के

साथ कोई रिश्ता। पर तब बात मेरी समझ में भी नहीं आ रही थी। अब समझ में आई।

''तुम ब्लड-बैंक हो?'' मैंने चुहल की।

उसने मेरी बात को सीरियसली लिया। बोली, ''अपनी रचनाओं से तो काफी इंटेलिजेंट लगते हो, पर असल में उतने नहीं हो।''

''ठीक कहती हो।'' मैंने कहा, ''मेरी खोपड़ी में इंटेलिजेंस बनाने की एक मशीन है। वह दिन-रात इंटेलिजेंस प्रोडयूस् करती है। जब कुछ इंटेलिजेंस जमा हो जाती है, तो मैं उसे अपनी रचना में डाल देता हूं। परिणाम यह होता है कि रचना तो इंटेलिजेंट हो जाती है और मैं खाली का खाली। पर तुमने यह पता कैसे लगा लिया?''

''बुद्धू हो तुम भी।'' उसने फिल्मी नायिकाओं के स्टाइल में प्रेम जताने के लिए मेरी नाक पकड़ ली।

जी में आया, उसे मना कर दूं। मुझे जुकाम हो रहा था। उसका हाथ गंदा हो सकता था। पर मैंने मना नहीं किया। सोचा, मैं प्यार जताऊंगा तो उसकी नाक न पकड़कर कान पकड़ूंगा। आखिर लड़की और लड़के के नखरे में कोई अंतर तो होना ही चाहिए-आधुनिक कपड़ों जैसा थोड़ी जिनमें हर लड़का लड़की लगे और हर लड़की लड़का।

''मैंने इसलिए कहा था,'' मैंने अपनी सफाई दी, ''कि तुम्हारे चेहरे को देखकर लगता है कि तुम्हारे भीतर बहुत सारा रक्त है, लाल सुर्ख।''

''कसाइयों जैसी बात मत करो।'' वह बोली, ''मैं तो ब्लड-बैंक में काम करती हूं। मेरे दो काम हैं। पहले तो रक्तदान के लिए लोगों को मनाना और जब वे मान जाएं तो डॉक्टर की सहायता से लोगों का रक्त निकालना और लाकर ब्लड-बैंक में जमा करवाना।''

''तो तुम विषकन्या का नया रूप हो?''

''विषकन्या क्या?'' वह बोली, और फिर नाराज हो गई, ''तुम फिर गूढ़ हिंदी बोले!''

मैंने लखनऊ की भटियारनों के समान दांतों से अपनी जीभ काटी, कानों को हाथ लगाया और बोला, ''गूढ़ हिंदी बोलें मेरे दुश्मन। मैं तो नेहरू परिवार वाली हिंदी बोलता हूं, जो बाकी सब लोग चाहे समझ जाएं, बस हिंदी पढ़े-लिखे और हिंदी बोलने वाले न समझें।''

उसे समझ में नहीं आया कि मैं अपनी प्रशंसा कर रहा हूं या नेहरू परिवार की। बोली, 'तुम बहक जाते हो। मैंने पूछा था, यह विषकन्या क्या होती है?''

''वे पुराने जमाने में होती थीं।'' मैंने उसे बताया, ''उसे किसी की भी हिंदी में विषकन्या ही कहेंगे। सरकार की सरल हिंदी में 'जहर लौंडिया' कहने से कोई नहीं समझेगा। वे राजाओं के पास होती थीं। बहुत सुंदर भी होती थीं। राजा लोग उन्हें अपने शत्रुओं के पास भेजा करते थे। शत्रु राजा उनके संसर्ग से मर जाते थे। तुम्हें चीन या पाकिस्तान कब भेजा जा रहा है?''

''मैं देश के भीतर ही काम करती हूं।'' उसके चेहरे पर राष्ट्र-प्रेम के स्वरूप तिरंगा झंडा-सा लहरा गया, पता नहीं चर्खे वाला था या अशोक चक्र वाला।

फिर बोली, '' मैं लोगों को मारने के काम में नहीं आती। मैं मरते लोगों को खून देकर उन्हें बचाती हूं।

''तुम्हें देखकर लगता है कि सारा खून तुम ही पी जाती हो!'' मैंने कहा।

''मैं खटमल नहीं हूं।'' वह बोली, ''जोंक हूं। खून पीकर निचोड़ देती हूं।''

''तुम हमारे नेताओं का खून क्यों नहीं लेतीं?'' मैंने जिज्ञासा की।

''एक बार लिया था।'' उसने मुंह बनाया, ''पर वह इतना जहरीला निकला कि किसी भी काम न आया। अंत में एक चारपाई के खटमल मारने के लिए रख दिया। तीन सौ छत्तीस खटमलों ने वह खून पिया और सारे-के-सारे मर गए।''

''तुम किसी और पार्टी के नेता का खून लेकर देखो।'' मैंने सलाह दी।

''नो यूज'' उसने कहा, वे खुद दूसरों के खून पर पले हैं। वे अपना खून नहीं देना चाहते। अपना खून देने वाले, देश की स्वतंत्रता से पहले अपना खून देकर शहीद हो गए। वैसे एक बहुत बड़े नेता ने अपना खून दिया था...''

''फिर क्या हुआ?'' मैंने पूछा।

''जोश में आकर उन्होंने अपना खून दे दिया। हमने भी उस समय सोचा नहीं-खून ले लिया, पर फिर बाद मे यह सोचकर कि उनका खून भी कोई और चूस सकता है, नेताजी का हार्ट फेल हो गया और चीन के साथ हुई लड़ाई में जिस घायल जवान के शरीर में वह खून डाला गया उसने लड़ने से इनकार कर दिया। कह दिया कि मैं अहिंसक हो गया हूं। बड़ा डरपोक खून था।''

''अरे, असली बात तो मैं भूल ही गया।'' मैंने बात बदल दी। खून की बात से मेरा मन घबरा रहा था।

''क्या?'' उसने पूछा।

''तुम मुझसे प्रेम क्यों करना चाहती हो?''

''उससे मेरा काम आसान हो जाता है।'' उसने मुझे बताया।

''कैसे?''

''तुम जैसे मेरे दस-बीस प्रेमी हो जाएं तो मैं क्रूर बन जाऊंगी। तम सब मुझे घेरकर बैठ जाना। मैं बेवफाई करूंगी। फिर प्रेम की पीड़ा से तुम्हारा मन घायल होगा, उसमें से खून बहेगा। तुम सब खून के आंसू रोओगे तो मैं डॉक्टर को बुला लाऊंगी।''

''उससे क्या होगा?'' मैंने पूछा।

''इससे हमें एक ही जगह बहुत सारा खून मिल जाएगा। हम सारा खून बोतलों में भर लेंगे। हमें जगह-जगह जाकर यह प्रचार नहीं करना पड़ेगा कि हमें खून दो। ब्लड-बैंक मालामाल हो जाएगा। मेरी तरह से ब्लड-बैंक में काम करने वाली, हर खून चूसने वाली लड़की सौ-पचास प्रेमी पाल लेगी तो उसकी नौकरी परमानेंट हो जाएगी।''

''परमानेंट कैसे हो जाएगी?'' मैं नाराज हो गया, ''दो दिनों में सारे प्रेमी एक्सेसिव ब्लीडिंग से मर जाएंगे। मैं तो तुम-जैसी लड़की से प्रेम ही नहीं करूंगा।''

''यही तो तुम्हारी गलतफहमी है।'' उसने रुककर अपना हैंड-बैग खोला और उसमें से ब्लड-बैंक के बहुत सारे पंफलेट निकाल लिए और प्रचार करने के अंदाज में बोली, ''मानव के शरीर मे रक्त की मात्रा स्थायी नहीं है। उसके ग्लैंड्स उतना ही रक्त बनाते हैं, जितने की उसको जरूरत हो। ज्यादा खून बन जाए तो हाई ब्लड प्रेशर हो जाता है। पर यदि उसके शरीर में से रक्त निकाल लिया जाता है तो वे ग्लैंड्स और रक्त बना देते हैं। इस प्रकार नया रक्त लाने के लिए आवश्यक है कि आप अपना पुराना रक्त ब्लड-बैंक को दान कीजिए।''

''तो नए रक्त का अर्थ होता है पुराना रक्त देना?'' मैंने पूछा, ''आजकल जो कुछ लोग साहित्य में अपने-आपको नयी पीढ़ी या नया रक्त कहते हैं, उसका मतलब यही है कि उन्होंने अपना पुराना रक्त ब्लड-बैंक को दे दिया है?''

''हां।'' उसने मेरा ज्ञानवर्धन किया, ''पर उनके पास ब्लड-बैंक का सर्टिफिकेट जरूर देख लेना। तुम्हारे साहित्य वाले लोग झूठे भी बहुत होते हैं।''

''और जो लोग राजनीतिक दलों में नए खून की बात करते हैं?'' मैंने फिर शंका की।

''उनका ब्लड बैंक से कोई संबंध नहीं है।'' उसने बताया, ''उसका मतलब है कि वे चाहते हैं कि अगले चुनाव में पार्टी उनके बेटों-भतीजों को टिकट दे।''

''अच्छा!'' मैंने फिर कुछ नहीं पूछा।

''तो फिर मैं तुमसे प्रेम आरंभ करूं? उसने पूछा, ''तुम मेरे प्रेम में कलेजे से खून बहाओगे? खून के आंसू रोओगे?''

मैं सोच में पड़ गया। काम खतरनाक था। मैं प्रेम करता रहूं, अपने कलेजे से खून बहाता रहूं और यह अपने डॉक्टर की सहायता से उसे बोतलों में भरती जाए। नहीं.... पर लड़की का चेहरा देखकर मेरा खून बनता ही जा रहा था। वह मेरी ओर एक नजर देखती तो मेरी रगों में एक बोतल खून और बढ़ जाता। मैं उससे प्रेम करने से इनकार कैसे कर सकता था। कोई निर्णय लेना ही था। प्रेम करूं या ना करूं? अंत में सोचा, अभी पैंडिंग में डाल दो। यह तरीका तो प्रेम में भी चलता है और राजनीति में भी।

मैंने कहा, ''पहले मैं अपनी पत्नी से पूछ लूं।''

''पत्नी!'' और सहसा वह अत्यंत उत्तेजित हो गई, ''तुम्हारी पत्नी भी है? तुम विवाहित हो?''

मेरा दिल बैठ गया। एक बढ़िया लड़की हाथ से निकली जा रही थी। पहले मेरे ध्यान में ही नहीं आया। भला पत्नी वाले आदमी से कोई लड़की प्रेम क्यों करेगी? मुझे ऐसी गलती नहीं करनी चाहिए थी। मैंने राजनीतिक आधार पर यह निर्णय लिया था-वह भी राजनीतिक निर्णयों के समान गलत निकला।

''पत्नी! पत्नी!!'' वह उसी उत्तेजना में बोले जा रही थी, ''तो तुम्हारी पत्नी भी है। तब तो और भी अच्छा है।''

''वह कैसे?'' मैंने पूछा।

''तुम मुझसे प्रेम करोगे तो तुम्हारी पत्नी के कलेजे में तीर लगेंगे, उसके घायल मन से खून रिसता रहेगा और हो सकता है कि दीवार से मार-मार कर वह अपना सिर फोड़ ले, और खून निकले। ह्वाट ए प्रॉस्पेक्ट ऑफ ब्लड! मैं अवश्य ही तुमसे प्रेम करूंगी, तुम भी मुझसे प्रेम करना।''

वह बोली।

''अच्छा।'' मैंने कहा।

मेरा मन उससे प्रेम करने ही वाला था। मेरी पत्नी कितने दिनों से मुझसे झगड़ रही थी। यह अच्छा अवसर था। पर तभी ब्लड-बैंक वाली गाड़ी आती नजर आई। उसमें डॉक्टर और उसकी खून निकालने वाली सिरिंज भी थी। कई बोतलें भी थीं-कुछ खून से भरी हुईं और कुछ खून से खाली। और सहसा मेरे शरीर का सारा खून सूख गया।

❑❑❑

लैमन-सैट

गर्मियां शुरू हुईं तो पत्नी मेरे पीछे पड़ गई, ''लैमन-सैट लाओ।''

मैं उसके मुंह से लैमन-सैट की बात सुनकर हैरान होता रहा। खैर, प्रत्येक भारतीय के समान, इतनी अंग्रेजी तो उसे आती है कि लैमन का अर्थ नींबू समझे। पर मैं बहुत दिनों तक सोचता रहा कि कहीं वह लैमन-सैट का अर्थ नींबू, नींबू का अचार, नींबू की शिकंजी, नींबू का स्कवैश तो नहीं समझती।

वैसे उसकी जनरल नॉलेज में मुझे कोई संदेह नहीं है। वह बहुत कुछ जानती-समझती है। कभी-कभी तो मेरी जनरल-नॉलेज उसके सामने कोका-कोला पीने लगती है। मैं अपने काम्प्लैक्स में एक बार उससे पूछ बैठा था कि वह जॉनसन को जानती है क्या? उसने हंसकर मुझे देखा और बोली, ''कितने भोले हो। भला जॉनसन को कौन स्त्री नहीं जानती! और मैंने तो परिवार-नियोजन वालों को अंगूठा दिखाकर छः-छः बच्चे पाले हैं।''

मेरी अक्ल घबरा गई। भला जॉनसन को जानने और बच्चों को पालने में क्या संबंध? मैं भौचक खड़ा रहा। फिर बोला, ''आजकल तुम्हारी बातें मेरी समझ से ऊंची होती जा रही हैं।''

''तुम तो यूं ही नाराज हो जाते हो।'' उसने रोने की भूमिका बना ली।

मैं रूठने-मनाने के मूड में एकदम नहीं था। सारी बात तो जनरल-नॉलेज की थी और खतरा मेरी नौकरी को था। यदि किसी को पता चल गया कि मेरी पत्नी का सामान्य ज्ञान मुझसे बढ़ गया है तो इन्फर्मेशन सेंटर में मुझे कौन रखेगा। मैं फिर से 'सिचुएशन वैकेंट' पढ़ने के भय से प्रकंपित, दीन होकर बोला, ''रूठने की बात नहीं है, प्रिय। मैं सचमुच तुम्हारी बात नहीं समझा। भना जॉनसन और छः-छः बच्चों को पालने में क्या संबंध है?''

''संबंध कैसे नहीं है?'' वह रुआंसी हो गई, ''तुम जान-बूझकर मेरा मजाक उड़ाना चाहते हो तो बात और है। भला बच्चे पालने में बच्चों के साबुन, पाउडर,

क्रीम इत्यादि का प्रयोग कौन नहीं करता। अब इन चीजों में जॉनसन के बेबी पाउडर, बेबी क्रीम से बढ़िया कौन-सी चीज है। मैं क्या इतना भी नहीं जानती कि पप्पू, मुन्नू, निक्कू, बेबी, मुन्नी, रानी का साबुन, पाउडर और क्रीम बनाने वाला जॉनसन ही है।''

मेरे पैर एकदम कांप गए। मेरी सरकारी नौकरी सरासर खतरे में थी। मैं आज तक लोगों को यही बता रहा था कि अमरीका के राष्ट्रपति का नाम जॉनसन है। मैंने स्पष्टीकरण कर लेना उचित समझा। जो हो गया, सो हो गया। अब आगे से भूल दुहराई नहीं जानी चाहिए।

''तुम ठीक कहती हो,'' मैं बोला, ''पहले मेरा ध्यान इस ओर गया ही नहीं था पर मैंने हिंदी के समाचारपत्रों में पढ़ा है कि अमरीका के राष्ट्रपति का नाम जॉनसन है, लिंडन बी. जॉनसन। यह गलत है क्या?''

''जब पेपर में पढ़ा है तो गलत कैसे होगा?'' पत्नी बोली, ''हो सकता है कि यहां से पैसा कमाने के बाद अमरीका चला गया हो। मुए ने पैसा भी तो इतना कमाया है। पैसा तो सभी का दिमाग खराब कर देता है। जिसे देखो, वही अमरीका भागा जा रहा है। जो कलमुंहे वहां जाकर धक्के खाते फिरते हैं, वे तक तो अपने देश लौटते तक नहीं-शराब जो पीने को मिलती है वहां और गोरी-गोरी मेमें। तो फिर जो वहां का राष्ट्रपति बन गया, वह काहे को लौटेगा? अब होगी मुसीबत बच्चे वालियों की। जब जॉनसन अमरीका बैठा रहेगा तो यहां साबुन, पाउडर, क्रीम कौन बनाएगा? मैंने तो, भगवान का भला हो, बच्चे अच्छे समय पाल लिए।''

मैंने अपनी डायरी में जॉनसन का सारा वृत्तांत लिख लिया। अफसोस यही है कि मेरी पत्नी को यह ज्ञात नहीं था कि पासपोर्ट लेकर गया है कि नहीं। लेकर गया है तो कितने दिनों के लिए गया है। वह यह भी नहीं जानती थी कि कहीं वह अपनी राष्ट्रीयता परिवर्तित करके अमरीकन नागरिक ही तो नहीं बन गया।

खैर, वह तो पुरानी बात है। अब प्रश्न तो लैमन-सैट का था। बहुत इच्छा होने पर भी पत्नी से यह पूछ नही पाया कि लैमन-सैट से उसका तात्पर्य क्या है। अंत में एक दिन जाकर फतेहपुरी की बाबा वाली दुकान से मैं लैमन-सैट ले आया।

पत्नी ने सैट देखा तो बहुत प्रसन्न हुई। मैं समझ गया कि सैट से तात्पर्य अचार, शिकंजवी, स्कवैश वाला सैट नहीं था। अकड़कर बोला, ''अभी इस सैट को धो डालो और इसी गिलास में कुछ पिलाओ।''

जब कोई चीज लाकर देता हूं तो मेरी पत्नी ऐसी मांगें पूरी कर देती है। वह तुरंत सैट धोने बैठ गई।

पहला गिलास धोते ही उसने मेरे मुंह पर शिकायत दे मारी, ''ये कैसे गिलास लाए हैं, लंबे-ताड़ के पेड़ जैसे। हमें इसमें पानी-शर्बत कुछ पीना है या कुतुबमीनार बनाकर टिकट लगाना है?''

''तुम्हें क्या तकलीफ है?'' मैंने पूछा, अपनी कहो।''

''अपनी क्या कहूं,'' वह बिगड़ी, ''इसको क्या होम मिनिस्ट्री आकर धोएगी। इतने तो लंबूतरे गिलास हैं और इतने पतले। मेरा हाथ तक तो इसमें घुसता नहीं। मेरी उंगलियां इसकी तह तक कैसे पहुचेंगी?''

मैं बोला, ''मुझे तो यही गिलास पसंद हैं। मैं पहले से जानता, तो किसी ऐसी स्त्री से विवाह करता, जिसकी उंगलियां खूब लम्बी होतीं।''

''यह नहीं कहते कि तुम्हारी उंगलियों के साइज के गिलास लाता।''

''क्यों,'' मैंने कहा, ''पता नहीं तुम्हारी उंगलियों के साइज के गिलास मिलें, न मिलें। पर इस गिलास की लंबाई की उंगलियों वाली पत्नी तो मिल सकती है।''

वह इतनी-सी बात के लिए अपना पत्नीत्व छोड़ने को तैयार न थी। बोली, ''तुम मेरी उंगलियों के साइज के गिलास बनवा लो।''

''ऑर्डर पर चीज बनवाना आसान नहीं है,'' मैंने कहा, ''जो चीज बाजार में रेडीमेड मिले, उसी से गुजारा चलाना चाहिए।''

''हां! आदत जो पड़ गई है।'' उसके चेहरे पर उदासीनता का भाव आ गया।

''किस चीज की आदत?'' मेरी अक्ल थर्रा गई और मेरी जनरल-नॉलेज के पैर फिर कांप गए।

''रेडीमेड चीजों की!'' उसने नाक पर उंगली धर ली।

''कैसे भई?'' उसकी बात न समझ पाने के कारण मैं झल्ला उठा।

''गेहूं है तो अमरीका से रेडीमेड चला आ रहा है। मशीनें हैं तो वे रेडीमेड आ रही हैं। हथियार हैं तो वे रेडीमेड आ रहे हैं,'' वह बोली, ''आदत नहीं पड़ गई रेडीमेड चीजों की तो और क्या? भिखमंगे कहीं के!''

मुझे लगता है, वह मुझसे छिपकर अब पूरा अखबार पढ़ती है। पहले तो केवल फिल्मी कॉलम पढ़ती थी। पर मैंने भी आज का पेपर पूरा पढ़ा था-'सिचुएशन वैकेंट' के अलावा भी।

मैं गरजकर बोला, ''अपनी बात करो। मेरे महान् देश को कुछ मत कहो। इस वर्ष हमारे यहां बहुत फसल हुई है। ढेरों ढेर। सरप्लस है। क्या समझती हो हमें!''

और मैं गाने लगा, ''मेरे देश की धरती, सोना उगले, उगले हीरे-मोती....''

पर आज जरूर उसने किसी विदेशी एजेंट से उत्कोच लेकर खाया था। बोली, "फसल तो हुई है, पर खाद्य-निगम उसको जमा नहीं कर पा रहा, इसलिए अन्न सड़ रहा है। यदि कुछ अन्न जमा हुआ है तो उसे गोदाम तक ले जाने के लिए रेल के डिब्बे नहीं हैं, इसलिए रेलवे मंत्रालय उसे नष्ट कर रहा है। यदि कहीं डिब्बे मिल गए, उसमें गेहूं लद गया तो उसको उतारने के लिए आदमी नहीं हैं। उतर गया तो रखने के लिए गोदाम नहीं हैं। आखिर तुम लोग चाहते क्या हो? तुम लोग चाहते हो कि अमरीकन आकर भटिंडे-बटाले से गेहूं खरीदकर जमा करें, उसे अपनी गाड़ी में लादकर ले जाएं और उसे अपने गोदामों में रखें ताकि जब तुम लोग भूखे मरने लगो तो रेडीमेड रोटियां तुम्हारे मुंह में डाल दें।"

घरेलू मजाक वाली बात बहुत बढ़ गई थी। वह मेरे देश को गालियां दे रही थी और मेरी रगों में महान् देश का वीर रक्त खौल-खौलकर भाप बनता जा रहा था। मैं अपने प्रधानमंत्री के अंदाज में बोला, "तुम समझती हो, वे हमें मुफ्त में चीजें दे जाते हैं। आखिर हम लोग भी उन्हें कुछ देते हैं।"

"तुम क्या दे सकते हो?" वह फिर तुनक गई, "तुम्हारे पास है ही क्या? रेडीमेड मूर्ख!"

"क्या मतलब?" मैं बोला।

"मतलब यह," उसने अपनी बात को स्पष्ट किया, "कि किसी और देश को मूर्ख बनाने का प्रयत्न करना पड़ता है, खुशामदें करनी पड़ती हैं, पैसा बहाना पड़ता है और इस देश को भगवान ने रेडीमेड मूर्ख बनाया है। इसे मूर्ख बनाने के लिए किसी देश को कोई प्रयत्न नहीं करना पड़ता। यह बना-बनाया मूर्ख देश है।"

"तो तुम भी अपनी राष्ट्रीयता बदल लो," मैं बोला।

"और कहोगे भी क्या?" वह बोली और रसोई में अमरीकन गेहूं की रोटियां बनाने चली गई।

□□□

नौकरी और नोबेल प्राइज

मेरी प्रेमिका ने कहा, ''प्रियतम! भीड़-भड़क्के की दुनिया प्रेम करने के लिए सर्वथा अनुपयुक्त स्थान है। यहां तो हमें देखकर लोग कनॉट प्लेस में भी जलते हैं, चांदनी चौक में भी और सदर बाजार में भी। तुम कोई ऐसा स्थान खोजो, जहां मेरे और तुम्हारे अतिरिक्त और कोई न हो।''

उसकी बात सुनकर मेरे मन में कई भावनाएं जागीं। प्रेम ने मुझे भावुक बना दिया था। वैसे शायद भावुक और निकम्मे में कोई अंतर भी नहीं है।

कृष्ण इसीलिए यमुना किनारे प्रेम करते थे। जहां उन्हें देखकर कोई जला, उसे झोंक दिया यमुना में। जलना-वलना बंद। पर कनॉट प्लेस में तो फव्वारा तक नहीं है! फिर किसी का जलना कैसे रोका जा सकता था?

फिर सहसा मुझे परिवार-नियोजन वालों की असफलता पर क्रोध आया था। क्या किया अब तक इन्होंने? ये लोग अपने काम में तनिक भी सफल हुए होते तो प्रेमियों को देखकर जलने के लिए इतने लोग पैदा न हुए होते।

मैं एकांत की तलाश में निकल पड़ा। इस सिलसिले में पहले मैं हातिमताई के पास गया कि वे मेरी कुछ सहायता करें, पर पता चला कि वे अब रिटायर हो चुके हैं। सोचा, विदेशी सहायता नहीं तो क्या हुआ, अपने स्रोतों के आधार पर भी तो योजना बनाई जा सकती है।

मैं अपने बलबूते पर ही एकांत खोजने चल पड़ा। बहुत ढूंढा तो सोलन के पास कुमारहट्टी नाम के स्थान पर ठिठक गया। क्या देखता हूं कि ऊंची पहाड़ियों और गहरे खड्डों के बीच में से रेल की टी. बी. की मारी हुई दुबली-सी लाइन जा रही है। वहां सड़क के पास रेल का गेट था और उस पर बोर्ड लगा था, 'फाटक खोलने और बंद करने के लिए एक आदमी की जरूरत है।'

मैं खुशी से उछल पड़ना चाहता था, पर खड्ड में गिर पड़ने के भय से उछला नहीं। मैंने प्रार्थना-पत्र दिया और गेट खोलने और बंद करने की नौकरी मुझे मिल गई।

है न खुशी की बात। नौकरी मिल गई, फुल-टाइम। इस देश में डा. खुराना को नौकरी नहीं मिली थी :

(गाइए-अरुण यह मधुमय देश हमारा।

जहां पहुंच अनजान क्षितिज को मिलता एक सहारा।)

डा. खुराना को सहारा नहीं मिला था इस देश में, मुझे मिल गया। सहारा न मिलता तो शायद मैं भी वैज्ञानिक ही बनता। सहारा मिला तो अनजान क्षितिज या प्रेमी हो गया। मैंने अपने आपको डा. खुराना से महान् माना और अपनी जन्म-कुंडली निकालकर उस पर अपने हाथ से लिख दिया, 'मुझे नोबेल प्राइज मिला तो मुझे, जिसे रेल का फाटक खोलने और बंद करने की नौकरी मिल गई थी, नोबेल प्राइज लेने से कौन माई का लाल रोक सकता था! तो नौकरी के साथ-साथ नोबेल प्राइज भी निश्चित हुआ।

नौकरी मिल गई तो मैं अपनी प्रेमिका को भी उस एकांत में ले आया। उसने देखा-क्या एकांत था। बस एकांत-ही-एकांत था। दूर-दूर तक या तो पहाड़ थे या फिर खड्ड थे। न आदमी था, न लाल तिकोन। पर मेरी प्रेमिका घंटा-भर ही प्रसन्न रही ओर फिर नाराज होकर बोली, "यहां तो कोई भी नहीं है। हमारी रोटी क्या तुम्हारी मां पकाएगी?"

मैं बोला, "मेरी जान! या तो एकांत में प्रेम कर लो, या फिर बर्तन साफ करने के लिए, घर में झाड़ू पोछा लगाने के लिए खाना पकाने के लिए नौकर और माइयां ढूंढ लो।"

उसकी समझ में मेरी बात आ गई। उसने प्यार करने की ठानी। आस-पास जलने वाला कोई था नहीं। वैसे भी पहाड़ों में बारिश इतनी होती है कि जलने वाला बुझ जाता है। (इसीलिए तो सारी फिल्मों में प्रेमी लोग पहाड़ों पर जाकर ही प्रेम करते हैं।) बारिश न भी होती, तो भी जलने वाला हमें बुरा न लगता। इतनी ठंड में आग तापने के काम आता साला। पर जलने वाला वहां कोई था नहीं, इसलिए हमने प्रेम खाया-चबाया, ओढ़ा-बिछाया और फिर प्रेम की चादर तानकर सो गए। पर जलने वालों के अभाव में मेरी प्रेमिका अपने प्रेम से बहुत जल्दी बोर हो गई। बोली, "कैसी वाहियात जगह है! यहां कोई कंपनी ही नहीं है। मैं अकेली कैसे जिऊंगी?"

मैं बोला, "प्राणप्रिये! तुम अकेली कहां हो? मैं जो तुम्हारे साथ हूं।" वह बोली, "पर कोई और भी तो होना चाहिए, हमारे अतिरिक्त भी। मैं और तुम तो दोनों एक ही हैं।"

मैंने सोचा, बात तो सही है। यही तो ऊंचे स्तर का प्रेम है। हम दोनों तो एक ही हैं। बड़ी विकट समस्या थी।

पर तभी तो माचिस की डिबिया की-सी बोगियां लिए हुए छुक-छुक करती

गाड़ी आ गई। मैं खुशी से उछल पड़ा और चीखकर अपनी प्रेमिका से बोला, ''लो, आ गई कंपनी।''

वह मुझसे सटकर खड़ी हो गई और गांव के बच्चों के समान मुंह फाड़कर रेलगाड़ी देखने लगी। जब गाड़ी गुजर गई तो बोली, ''गाड़ी तो रुकी ही नहीं। उसमें से कोई उतरा भी नहीं और तुम कह रहे थे कि कंपनी आ गई।''

वह बहुत निराश लग रही थी।

मैं बोला, ''ओ भलीमानस! बाढ़ के पानी में घिरे, तबाह और बरबाद लोगों के हवाई जहाज की आवाज से पेट भर जाते हैं और तुमने पांच बोगियों की पचीस खिड़कियों में पचासों चेहरे देखे और तुम्हें कंपनी तक नहीं मिली।''

वह चुप हो गई। मेरी बात का क्या उत्तर था उसके पास। मैंने सरकारी बात कह दी थी, जो झूठ नहीं होती। यदि बाढ़ग्रस्त क्षेत्र पर उड़ान भरने-मात्र से वहां के लोगों का पेट न भरता तो उन अनेक उड़ानों पर खर्च किए गए हजारों रुपए उन लोगों को वैसे ही न दे दिए गए होते?

वह मेरी बात मान गई और चुप हो गई। पर बोलने की आदत है उसको। ज्यादा चुप रहने से हमारे नेताओं की समान उसका हाजमा खराब हो जाता है। इसलिए थोड़ी ही देर में बोली, ''उस गाड़ी में कितने लोग रहे होंगे?''

''दो सौ लोग तो होंगे ही।'' मैं बोला।

''और उन सब लोगों की कंपनी हमको मिली?'' उसने खुशी-खुशी पूछा।

''हां।'' मैंने भी खुशी-खुशी उत्तर दिया।

''फिर तो यहां भी भीड़ हो गई।'' वह नाराज हो गई, ''चलो यहां से। इससे तो दिल्ली ही अच्छी। इतनी भीड़ में हम प्रेम कैसे करेंगे?''

मुझे उसकी बात माननी पड़ी, क्योंकि प्रेम काम से बड़ी चीज है। यह बात हमने राष्ट्रीय धरातल पर मान ली है। हमारे देश में जब भयंकर बाढ़ आती है, भूकंप आते हैं, अकाल पड़ते हैं, तब सभी बड़े-बड़े नेता विदेशों में वहां के लोगों से प्रेम करने चले जाते हैं। नेहरू जी ने हमें नारा दिया था, आराम हराम है। उसका मतलब यही था कि काम हराम है। क्योंकि काम के बाद आदमी आराम चाहता है। काम करेगा तो आराम भी चाहेगा। पर प्रेम में आराम आवश्यक नहीं होता। आदमी शताब्दियों तक बिना थके प्रेम करता जा सकता है।

तो प्रेम करने के लिए, अपनी प्रेमिका की बात मानकर दिल्ली लौटना पड़ा। नौकरी तो छूट गई पर नोबेल प्राइज की आशा अभी तक नहीं छूटी। देखें कब तक मिलता है।

□□□

डिग्रियां

वे विश्वविद्यालय के उपकुलपति बने तो मैं उनसे मिलने गया। बोला, ''बधाई हो। मंत्री जी ने आपको उपकुलपति बना दिया।''

वे नाराज हो गए। बोले, ''मंत्री जी ने खामखाह बना दिया। रिश्तेदारी ने बनाया। मंत्री जी क्या चीज हैं? मैं उनका रिश्तेदार न होता तो वे मुझे उपकुलपति बना सकते थे?''

''नहीं।'' मैं बोला।

''इसलिए कहता हूं,'' उन्होंने मुझे समझाया, ''संसार का नया ज्ञान सीखो। बोलो, अक्ल बड़ी कि भैंस?''

''अक्ल!'' मैं बोला।

''गलत,'' उन्होंने मुंह बनाया, ''भैंस बड़ी है। एक समय में छः-सात किलो दूध देती है। वह भी खालिस। अक्ल साली क्या खाकर छः-सात किलो खालिस दूध देगी।''

''ठीक है!'' मैंने कहा।

''और मंत्री बड़ा कि रिश्तेदारी?'' उन्होंने पूछा।

''रिश्तेदारी।'' मैंने उत्तर दिया।

''इस बार ठीक है।'' वे प्रसन्न हुए, ''तो तुम भी रिश्तेदारी का प्रसाद पाओ। एक प्रेस खोल लो।''

''प्रेस! वह क्यों?'' मैंने भौचक होकर पूछा।

''इसलिए, क्योंकि मैं कहता हूं।'' वे बोले, ''मैं अर्थात् इस विश्वविद्यालय का नया उपकुलपति।''

''पर आप क्यों कहते हैं?'' मैंने जिद करके पूछा।

''अबे, डिग्रियां छपवानी हैं।'' वे बोले, ''थोक के भाव।''

''थोक के भाव!'' मैं और हैरान हुआ, ''वह क्यों?''

''ऐसा है?'' वे मेरी नादानी पर झुंझलाए, ''कि उनकी जरूरत पड़ेगी।

देखो, पहले तो यह होता था कि लड़के परीक्षाएं पास करते थे और दीक्षांत-समारोह पर अपनी डिग्रियां लेते थे। अब यह बात नहीं रही।''

''अब क्या हुआ है?'' मैंने पूछा।

''अब लड़के परीक्षा में बैठने की जगह कुलपति के घर पत्थर मारकर डिग्री लेना ज्यादा सुविधाजनक मानने लगे हैं।'' उन्होंने कहा।

''तो आप क्या करेंगे?'' मुझे उनसे सहानुभूति हो आई, कहां फंस गए बेचारे!

''कई बातें सोच रहा हूं।'' उन्होंने टोपी सिर के पिछले भाग में खिसकाकर माथा खुजलाया और फिर टोपी खुजलाए जा चुके भाग की ओर खिसकाकर सिर का पिछला भाग खुजलाने लगे।

''क्या-क्या सोच रहे हैं?'' मैंने ठीक ढंग से रुआंसा होकर पूछा, जैसे किसी के जवान बेटे के मरने पर संवेदना प्रकट करते हुए कोई पूछता है, 'उसे क्या हुआ था?'

''इसीलिए तो कहता हूं कि तुम प्रेस खोल लो।'' इस बार उन्होंने अपना चश्मा रूमाल से साफ करना आरंभ किया, ''उससे होगा यह कि मैं ढेर सारी डिग्रियां छपवाकर बोरों में भरवाकर अपने पास रखूंगा। जब कभी लड़के कोई प्रदर्शन करने आएंगे, मैं उन बोरों में से उनकी इच्छानुसार डिग्रियां निकालकर उनको दे दूंगा।''

मैं कुछ गंभीर हुआ और बात को वैयक्तिक धरातल से ऊपर खींचकर राष्ट्रीय धरातल पर ले गया, ''इससे तो देश में पढ़ाई का स्तर बहुत गिर जाएगा।''

वे मुझसे अधिक गंभीर हो गए। राजनीतिक मुद्रा बनाकर बोले, ''गिरना बुरा है या टूटना?''

मैंने प्रश्न पर विचार किया और बोला, ''टूटना बुरा है। गिरकर हम उठ सकते हैं, पर टूटकर जुड़ना मुश्किल है।''

''तो ठीक है,'' उन्होंने प्रसन्न होकर कहा, ''स्तर गिरेगा, शीशे तो नहीं टूटेंगे। यह देश का निर्माण है। देश का मतलब भवन। मैं नया भवन नहीं बनवाऊंगा, पर जो बना हुआ है उसे टूटने नहीं दूंगा।''

मैं उनकी दृढ़ता से बहुत प्रभावित हुआ। मुझे लगा बात बहुत सही है। देश की स्वतंत्रता की लड़ाई में जिनके सिर टूट गए, उनके बच्चे यतीमों के समान आलू-छोले बेचते हैं और जिनके सिर गिर गए यानी झुक गए, उनके बच्चे नोट बनाने की मशीनें

लिए फिरते हैं। तुड़वाना मूर्खता है, झुकना बुद्धिमत्ता है। हमारे ऋषि लोग ईश्वर की मूर्ति के सामने सिर झुकाते थे, सिर मूर्ति से मारकर तुड़वाते नहीं थे। ठीक है।

''पर मैं तो सुन रहा हूं,'' मैंने एक और शंका की, ''कि लड़के अगली बार बी. ए. की परीक्षा में बैठकर एम.ए. की डिग्रियों की मांग करने वाले हैं। यह तो बुरी बात होगी।''

''बड़े भोले हो।'' वे बोले, ''बुरी बात क्या है। हम उनकी मांग से पहले ही उन्हें बी.ए. की परीक्षा के बाद एम.ए. की डिग्री पकड़ा देंगे और पी-एच.डी की डिग्री डाक से भेज देंगे और समाचार पत्रों में यह घोषणा छपवा देंगे कि बी.ए. , एम.ए. और पी-एच.डी की डिग्रियों का मूल्य आज से बराबर-बराबर माना जाएगा। यह सोशलिस्ट स्टेट की ओर हमारा एक और कदम है। कितनी बुरी बात है कि कुछ लोग स्वयं को जनता से केवल इसलिए ऊंचा मानते हैं, क्योंकि उसे पास कुछ ऊंची डिग्रियां हैं। दिस इज अगेंस्ट डेमोक्रेसी।''

''आप ठीक कहते हैं।'' मैंने हाथ जोड़ दिए।

''और बर्खुरदार!'' उन्होंने मुझे आंख मारी, ''वैसे भी डिग्री तो क्लर्की-श्लर्की की नौकरी के लिए देखी जाती है। बड़ी नौकरियां तो यूं ही मिलती हैं। अब मेरे पास कोई डिग्री है या इंदिरा जी के पास है? सब यूं ही चलता है। तुम्हारे पढ़े-लिखे कवि तो मास्टर ही रह गए। टैगोर, निराला और प्रसाद तो बिना डिग्री के महान् हुए। फिर डिग्री का क्या मूल्य है?''

''ठीक है। ठीक है।'' मैं बोला, ''आप ढेर सारी डिग्रियां छपवाकर हवाई जहाज से लुटा दीजिए। जिसके हाथ जो डिग्री पड़ जाए, उस पर वह अपना नाम लिख ले।''

''सोचा था, यह भी सोचा था।'' वे बोले, ''पर हिंदुस्तानी जनता बड़ी मूर्ख है। उनके लिए हवाई जहाज से अन्न का बोरा फेंको तो उसी के नीचे दबकर मर जाते हैं। और फिर डिग्री की तो चोट भी बड़ी गहरी होती है। इसलिए डिग्रियां हवाई जहाज से नहीं फिंकवा रहा। वह कर सकता तो इन सब मास्टरों-वास्टरों का वेतन बचा पाता तो अपना वेतन और भी बढ़वा सकता। पर हुआ नहीं। हाय!''

''हाय!'' मैंने संवेदना प्रकट की।

''अच्छा। जाओ अब!'' वे सहसा हाथ झटककर बोले, ''हाय-हाय मत करो, नहीं तो लोग समझ बैठेंगे कि तुम मेरी कोठी पर प्रदर्शन कर रहे हो। अभी तो प्रदर्शनकारियों को देने के लिए डिग्रियां ही नहीं छपीं। जाओ जल्दी से प्रेस खोलो।''

मैं उठकर चल पड़ा। नमस्ते भी नहीं की। डर गया, कहीं यह न समझ लें कि डिग्री के लिए हाथ जोड़ रहा हूं।

□□□

सरकार का पति

कबीर बाबा ने कहा था : शेर भूखा मर जाता है, पर घास नहीं खाता। निष्कर्ष यह निकला कि जंगल में घास इसीलिए इतनी अधिक मात्रा में होती है, क्योंकि शेर स्वयं घास नहीं खाता और घास खाने वाले जानवरों को खा जाता है। तो जंगल की घास शेर की वीरता का प्रमाण है। आदमी घास खाता भी है और नहीं भी खाता। अमरीका वाले घास नहीं खाते, रूस वाले घास नहीं खाते। पर हमें कभी-कभी वे भी घास डाल देते हैं और हम हैं कि वर्षों से घास चर रहे हैं।

दिल्ली में सिवा राष्ट्रपति भवन के और कहीं घास दिखाई नहीं पड़ती। सारी घास देश के विभिन्न कोनों से आए प्रतिनिधियों की अक्ल चर गई है। पर इसवसे यह सिद्ध नहीं होता कि शेर केवल राष्ट्रपति भवन में ही है। हो सकता है कि देश का राष्ट्रपति 'नर-सिंह' कहलाने का अधिकारी हो। पर कोई व्यक्ति स्वयं को नरसिंह कैसे कहेगा, चाहे वह कोई भी क्यों न हो। और हमारी वीरता-विमुख सरकार, जो संतों की पूजा करती है, अपने अध्यक्ष को शेर कैसे कहेगी? वह तो बैलों की जोड़ी की सरकार है और बैल सदा से घास ही खाते रहे हैं।

पर मैं अपने अनुभव से यह कह सकता हूं कि दिल्ली में शेर बहुत हैं। सबसे ज्यादा स्कूटर-रिक्शा के स्टैंड पर मिलते हैं। आप कहते हैं, ''लाजपत नगर चलोगे।'' वह उपेक्षा से कहेगा, ''लोधी रोड।'' आप दीनता से कहेंगे, ''साथ ही तो है, ले चलो।'' वह कहेगा, ''नहीं। लोधी रोड।'' परिणाम स्वरूप वह दो घंटे खड़ा रहेगा, पर सवारी नहीं लेगा। सवारी लेगा तो लोधी रोड की, नहीं तो नहीं लेगा। शेर है, चाहे भूखा मर जाए, पर घास नहीं खाएगा।

और ऐसे अनेक शेर हैं दिल्ली में, पर फिर भी यहां घास नहीं है। कबीरदास की बातें अक्सर हमारी अक्ल को घास चरने पर मजबूर कर देती हैं। हमारी अक्ल को घास चराने वाले कबीरदास के अतिरिक्त एक और संत भी हैं-बाबू संतराम।

उस दिन बस में मिले तो मेरा कंधा झंझोड़कर बोले, ''तुमको पता है, मैंने अपनी मातरी भाषा हिंदी कैसे सीखी थी?''

मुझे उनकी 'मातरी' भाषा में कोई रुचि नहीं थी, पर न पूछता तो वे मेरा कंधा मेरे शरीर से उखाड़कर ड्राइंग-रूम में सजाने के लिए अपने साथ ले जाते।। इसलिए पूछ बैठा, "कैसे सीखी?"

बोले, "मैरिज के बाद वाइफ जब मेरे इन-लाज के घर गई तो वहां से उसका लैटर आया। वह लैटर हिंदी में था। अब अपनी वाइफ का लैटर किसी और से कैसे पढ़वाता। देयरफोर हिंदी का एक प्राइमर खरीद लाया। एक-एक वर्ड मिलाया और उसका लैटर रीड किया। फिर मैंने वैसे ही प्राइमर के वर्ड्स देखकर उसे लैटर लिखा और ऐसे ही लैटर लिखते-लिखते मैंने हिंदी लर्न कर ली।"

उनके पोपले चेहरे पर पत्नी का अनुराग बिखर गया था।

"तो आपने ऐसे मातरी भाषा सीखी!" मैं बोला।

"हां जी।" उन्होंने ताली बजाई, "मेरा दावा है कि संत तुलसीदास के बाद मैं पहला व्यक्ति हूं जिसे पत्नी से ज्ञान मिला।"

"पर ज्ञानी जी!" मैं बोला, "हमें सरकार ने हिंदी सिखाई है।"

उन्होंने मेरी ओर देखा और बोले, "कौन-सी मिस सरकार। वही दीपचंद सरकार की पुत्री?" वे जोर से ठहाका मार हंसे, "तुम मुझे उल्लू नहीं बना सकते। एक बंगाली लड़की तुम्हें हिंदी कैसे सिखाएगी!"

मैं खीझकर बोला, "मिस सरकार नहीं, सरकार यानी गवर्नमेंट अर्थात् शासन।"

"ओह!" वे हारे नहीं, "कोई फर्क नहीं पड़ता। पत्नी भी तो घरेलू सरकार ही है।?"

"सरकार और पत्नी में कोई फर्क नहीं है?" मैंने पूछा।

"क्या फर्क है साहब!" वे बोले, "पत्नी चाहती है कि आप दफ्तर से अपना वेतन लाकर उसकी हथेली पर रख दें और सरकार भी यही चाहती है कि आप वेतन लें और इनकम टैक्स, सेल्स टैक्स, प्रॉपर्टी टैक्स इत्यादि-इत्यादि के नाम पर सरकार की हथेली पर रख दें। है कोई फर्क?" उन्होंने मुझे डांटा, "और फिर आप अपनी पत्नी स्वयं चुनते हैं, पर चुनने के बाद आपको कभी अपनी पत्नी अच्छी लगी?"

"मुझे कोई अनुभव नहीं है।" मैं बोला, "सरकार की कृपा से अभी तक कुवांरा हूं।"

"मैं बताता हूं न।" वे बोले, "किसी को भी अपनी पत्नी अच्छी नहीं लगती, वैसे ही हम सरकार चुनते हैं और हमें सरकार अच्छी नहीं लगती। एक बात और है।"

"क्या?" मैंने पूछा।

"ऊपर से लगता है कि आप सरकार को बना-बिगाड़ सकते हैं, इसलिए आप उसके स्वामी हैं, पर वास्तव में वह आपकी स्वामिनी है। वैसे ही आप स्वयं को अपनी पत्नी के स्वामी समझते हैं, पर वस्तुत: वह आपकी स्वामिनी है। है पत्नी और सरकार में कोई फर्क?"

"कोई नहीं।" मैं कन्विन्स हो चुका था।

"और आपकी सरकार है?" उन्होंने पूछा।

"जी।" मैंने उत्तर दिया।

"फिर आप स्वयं को कुंवारा क्यों कहते हैं?" उन्होंने मुझे डांटा, "पत्नी की जगह सरकार तो है। आप सरकार के पति हैं।"

सहसा ही मेरी अक्ल घास चरने चली गई। मुझे लगा, मेरी खोपड़ी में घास-गोदाम खुल गया है, मेरी पत्नी केंद्रीय सचिवालय में बैठी है और मैं इस झुग्गी में रहता हूं। लानत है मुझ पर! आमीन!

❑❑❑

बच्चों की कहानी : एडल्ट एडीशन

प्यारे बच्चों! एक प्रसिद्ध लोक-कथा है कि असम में एक गरीब दंपति रहा करते थे। उनके सात बेटे थे और सातों ही निकम्मे थे। स्वयं वे अपने-आपको निकम्मे नहीं समझते थे। उनकी मां सदा ही रोती रहती थी। पर उसका विचार था कि उसका आठवां बेटा खूब कमाऊ होगा और कमाकर सारा धन मां-बाप को देगा। (हाय रे गलतफहमी!) तो उन्होंने यानी पति-पत्नी ने आठवां बेटा पैदा करने की बात सोची।

पुरानी कहानी है न, इसलिए वे लोग ऐसी बात सोच सके। आजकल तो तीसरे बच्चे के बाद ही लाल-तिकोन वाले पीछे पड़ जाते हैं कि कुछ-न-कुछ करवा ही लेते हैं।

फिर आजकल जो आदमी बेटा पैदा करने का प्रयत्न करता है, उसके घर में बेटियां पैदा होती जाती हैं! (कलयुग है न!) आदमी अपना प्रयत्न नहीं छोड़ता और घर में सात-आठ देवियां इकट्ठी हो जाती हैं। तब वह कहने लगता है, "मेरी बेटियां क्या बेटों से कम हैं?" परिणाम यह होता है कि बेटियां दुनिया-भर में शिकायत करती फिरती हैं कि उनका बाप उनकी शादी नहीं करता।

पर यह पुरानी कहानी है। उस दंपति के घर बेटा पैदा हुआ। वह आठवां बेटा था और मनुष्य न होकर सांप था। वह पैदा होते ही चलकर जंगल में चला गया।

बेटा जंगल में चला गया तो मां बेचारी बहुत रोई। (कितनी पागल थी न!) भला सांप के चले जाने में रोने की क्या बात थी! बदनामी से बच गई थी। नहीं तो लोग पूछते कि एक स्त्री के घर सांप पैदा क्यों हुआ? उस समय शायद लोग ऐसी बातें नहीं पूछते थे। लगता है, सबके ही घरों में जानवर पैदा होते रहते थे (हमारे पूर्वज बड़े महान् थे।)। तभी तो इस देश की आबादी नहीं बढ़ती थी।

तो मां बेचारी बहुत रोई। इतना रोई कि सारे जंगल में पानी भर गया और सांप को पानी से बचने के लिए घर लौट आना पड़ा। यह तरीका आजकल के समाचारपत्रों में विज्ञापन देने वाले तरीके से कहीं अच्छा है। घर से भागा हुआ बेटा स्वयं को

समाचारपत्र पढ़ने से रोक सकता है, पर जंगल में पानी भरने से नहीं रोक सकता। तो सांप जंगल से घर लौट आया। उसने मां से पूछा, "तुम क्यों रो रही हो?" आजकल का बेटा होता तो कहता, "अब आ तो गया हूं। कोका-कोला पिलाओ, रो-रोकर क्या बोर कर रही हो!"

मां ने ममताभरे कई गीत गाए और "कौन मुझको मां कहेगा......." वाला रिकार्ड ग्रामोफोन पर चढ़ा दिया। सांप उस घिसे हुए रिकार्ड को सुन-सुनकर जब बोर हो गया और भागने की बात सोच ही रहा था तो मां ने अवसर ताड़कर उसे अपनी ममता का वास्ता देते हुए बताया कि वह उससे कुछ भी नहीं चाहती। बस इतना चाहती है कि वह कमाए और उसे खिलाए।

सांप मान गया। उसने कहा कि वह कमा तो नहीं सकता, पर उसे धन अवश्य दे सकता है (सांप कभी कमाता नहीं, पर सोने-चांदी के ढेर उसी के पास होते हैं, जानते हो न?)। उसने कहा कि मां घर के आंगन में रोज दूध का एक कटोरा रख दिया करे। वह आकर उस दूध को पी जाया करेगा। जब वह दूध पी ले तो मां को चाहिए कि वह उसकी दुम में से एक इंच काट लिया करे। वह एक इंच का टुकड़ा सोने का बन जाएगा। इस तरह मां को धन मिलता रहेगा। उस पुरानी लोक-कथा में लिखा है कि सांप की बात सुनकर मां बहुत रोई और उसने अपने बेटे का शरीर काटने से इनकार कर दिया। पर बात यह नहीं थी। मां ने एक प्रसिद्ध नाटक-स्कूल में अभिनय का प्रशिक्षण पाया था। उसने बहुत अच्छा अभिनय किया। उसने ऐसा ही दिखाया, जैसे उसे इस बात का बहुत दु:ख है और इस दु:ख से उसे रात-भर नींद नहीं आई। पर वस्तुत: मां को सोना मिलने की संभावना से नींद नहीं आ रही थी और वह कोई ऐसा ढंग भी सोच रही थी, जिससे वह रोज अपने बेटे के शरीर से एक इंच से भी अधिक सोना काट सके। और उसे संभालने के लिए किसी बैंक में लॉकर ले सके।

दूसरे दिन मां ने आंगन में कांसे का एक कटोरा रख दिया और उसमें एक कटोरी दूध डाल दिया। पर वह दूध कटोरे की तह को गीला-भर कर सका। उतना दूध कटोरे को भरने के लिए पर्याप्त नहीं था। वह अपनी मुट्ठी पर ठोड़ी रखकर पंडित नेहरू के पोज में सोचने बैठ गई। उसने सोचा कि यदि उसने असली दूध से कटोरा भरने की बात सोची तो घर का सारा दूध सांप को पिला देना पड़ेगा। फिर न तो वह दही जमा सकेगी और न शाम की चाय के लिए दूध बचेगा। कोई मेहमान आ गया तो मुश्किल होगी।

वह भीतर गई और टोंड दूध की एक बोतल ले आई। उससे भी कटोरा नहीं भरा, तो एक बोतल पानी मिला दिया। वह जानती थी कि सोना चौदह कैरेट का भी

हो सकता है। फिर दूध ही क्यों शुद्ध दिया जाए। सांप के आने से पहले वह हाथ में छुरी भी लेकर खड़ी हो गई। पास ही उसने ईंट-पत्थर भी रख लिए कि यदि सांप ने उसे काटने या धोखा देने का प्रयत्न किया तो वह उसका सिर कुचल सके। यह सावधानी उसने अपनी विदेशी मां से सीखी थी, क्योंकि सावधानी नाम का तत्त्व भारतीय रक्त में नहीं है। यह उन बुद्धुओं का देश है जो राजनीति में भी आदर्श बघारते हैं।

पर सारी तैयारी कर लेने पर उसे लगा कि दुनिया उसे क्या कहेगी कि अपने बेटे को काटने के लिए वह छुरी लाई। छुरी उसने छुपा ली। पर दूध का कटोरा भी तो सांप को फंसाने के लिए ही था। उसे हटाना संभव नहीं था; उसे हटा दिया तो सांप ही नहीं आएगा। उसने कुछ सोचा और रो-रोकर कहने लगी, ''ओ मेरे लाल! तुम जब से पैदा हुए भूखे हो तुमने मेरा दूध इसलिए नहीं पिया कि कहीं तुम्हारे विष से मैं मर न जाऊं। आओ मेरे बच्चे, इस कटोरे में से दूध पी जाओ।

सांप वहां आ गया। उसने दूध पीकर सिर उठाया तो देखा कि उसके सातों भाइयों और मां-बाप उसे घेर रखा है। और उनके मुख की भावना बहुत मैत्रीपूर्ण नहीं है। वह मन-ही-मन डर गया। पर उसने अपना भय प्रकट नहीं किया। बहुत मधुर स्वर में बोला, ''मेरे आदरणीय माता-पिता और प्यारे भाइयों! मैं तुम लोगों के सारे दुःख और कष्ट समाप्त करने के लिए आया हूं। तुम लोग मेरी पूंछ में से एक इंच का टुकड़ा काट लो। वह सोने का हो जाएगा। ऐसे ही रोज सोने का एक इंच मैं तुम्हें दे जाया करूंगा।''

सब भाई जोर से हंस पड़े। बोले, ''साला हमें मूर्ख समझता है। एक इंच सोने में ही टरकाना चाहता है। इसे मार डालो, यह सारा-का-सारा ही सोने का हो जाएगा।''

सांप और भी डर गया। पर अपने स्वर को और भी मधुर बनाकर बोला, ''सुनो! मूर्खता मत करो! मैं तुम्हें एक कथा सुनाता हूं। पश्चिम के एक देश में एक नदी के किनारे बसे एक गांव में एक व्यक्ति रहता था। उसके पास एक मुर्गी थी। वह मुर्गी रोज एक अंडा देती थी। वह अंडा सोने का होता था। इस प्रकार उस व्यक्ति को रोज सोने का एक अंडा मिलता था, जिससे वह बहुत धनी हो गया। पर साथ-ही-साथ वह बहुत लालची भी हो गया। उसने सोचा कि ऐसे तो रोज केवल एक ही अंडा मिलता है, किंतु यदि मैं इसी मुर्गी को मार दूं तो मुझे एक साथ ही बहुत सारे अंडे मिल जाएंगे। यह सोचकर उसने मुर्गी का पेट चीर दिया, पर उसमें से एक भी अंडा नहीं निकला और मुर्गी मर गई। इसलिए तुम लोग संतोष करो। जो कुछ मिल रहा है, उसी से प्रसन्न और संतुष्ट रहो।''

सातों भाइयों पर इस कहानी का बहुत प्रभाव पड़ा। उनके चेहरे उतर गए। उन्हें लगा कि उनका सांप भाई ठीक कह रहा है। यदि उन लोगों ने सांप को मार डाला या एक इंच से ज्यादा काटा और वह मर गया तो उन्हें कुछ भी नहीं मिलेगा। (देखा! सांप कितनी मीठी बोली बोलता है। इसी मीठी बोली के कारण आज कितने ही सांप हमारे समाज को डस रहे हैं और समाज को कुछ पता ही नहीं चलता।)

मां ने देखा कि उसके सातों बेटों के मुख पर से एडवेंचर की भावना धुल गई और वे फिर से उसकी गोदी में पलने वाले, थोड़ा-सा दूध पीकर संतुष्ट हो जाने वाले भोले बच्चे बन गए हैं। मां को अपने बच्चों का यह पतन देखकर बहुत दुःख हुआ। उसे भय लगा कि कहीं उसके बेटे सांप की बात मान ही न ज़ाएं। (लोग तुम्हें कहेंगे कि कोई मां ऐसी नहीं होती, पर तुम उनकी बात मत मानना।)

वह ललकारकर बोली, "मेरे बच्चो! अपने इस भाई की बातों में न आना। यह तुम्हें संतुष्ट रहना सिखा रहा है और संतुष्टि संन्यासियों, नपुंसकों और मरती हुई सभ्यता का गुण है। संन्यासियों और नपुंसकों से आज तक कुछ नहीं हुआ। तुम लोग पुरुषों के समान जोखिम उठाना सीखो। रिस्क नहीं लोगे तो जीवित लोगों के समान आगे नहीं बढ़ोगे, जड़ लोगों के समान पड़े रहोगे।

मां की बात सुनकर बेटे चौंके जैसे क्रांति की आवाज सुनकर जागे हों। उन्होंने पत्थर उठा लिए। सांप बहुत चीखा-चिल्लाया पर उन्होंने सांप को मार डाला। सांप मर गया, पर उसके शरीर का कोई अंग भी सोने का नहीं बना। अब तो सब बहुत घबराए। मां को लगा कि उसने गलत काम किया है। बाप ने बेटों को भाई की हत्या करने पर डांटना आरंभ किया। सबके चेहरे उतर गए। जब पुराने सांपों को मारकर जनता क्रांति करती है तो तत्कालीन लाभ न देखकर पोंगापंथी लोग इसी प्रकार उनकी आलोचना करते हैं। उन बूढ़ों की बातों में तुम न आना।

पर सातवें भाई को अब भी कुछ आशा थी। उसन मां से छुरी लेकर मरे हुए सांप के पेट चीर डाला। उसके पेट में से एक पारस मणि निकली, जिससे छुवाने पर मिट्टी भी सोना बन जाती थी। उस दिन से वे सारे भाई बहुत धनी हो गए और सोने का सांप बनकर चिह्न के रूप में अपने गले में पहनने लगे।

प्यारे बच्चो! इस देश के बुद्धुओं की बात जाने दो। तुम स्वयं सोचो, बिना जोखिम उठाए आज तक कोई बड़ा आदमी बना है?

❑❑❑

विदेश-यात्रा कुतरने वाले चूहे

हमारे महान् देश के हजारों वर्षों के इतिहास में अब तक कुल मिलाकर बारह राष्ट्रपति हुए हैं और सभी ही पहले कहीं-न-कहीं मास्टर थे। वैसे तो पंडित जवाहरलाल नेहरू भी मास्टर थे, पर वे प्राइवेट ट्यूशन करने वाले मास्टर थे। उन्होंने केवल इंदिरा गांधी को पढ़ाया था कि प्रधानमंत्री कैसे बना जा सकता है। गुलजारीलाल नंदा को उन्होंने कोई गेस-पेपर नहीं दिया था, इसीलिए दो-दो बार प्रधानमंत्री बनकर भी वे उसे संभाल नहीं पाए और फिर मंत्रित्व भी हाथ से निकल गया। शास्त्री जी को भी हिंट नहीं दिया था, इसलिए उन्होंने ताशकंद समझौता करके एक भूल की और उसके पश्चात्ताप में प्राण दे दिए। मोरारजी को भी ट्रेनिंग नहीं मिली थी, इसीलिए बहुत जोर मारकर भी उपप्रधानमंत्री ही बन पाए थे।

पर बात राष्ट्रपतियों की थी और सभी राष्ट्रपति मास्टर थे। निष्कर्ष यह निकला कि इस देश का राष्ट्रपति बनने के लिए मास्टर होना अनिवार्य है। हमारे देश का प्रत्येक मास्टर संभावित राष्ट्रपति है। इसीलिए, तो सरकार उनका वेतन नहीं बढ़ाती। वेतन बढ़ा दिया तो हर मास्टर, मास्टर ही बना रहना चाहेगा, फिर राष्ट्रपति कौन बनेगा?

वैसे भी मास्टरों का काम कोई ऐसे महत्त्व का तो है नहीं कि उनके बिना देश का काम न चले। जिन बच्चों को ये लोग पढ़ाते हैं, वे बच्चे हड़तालें करते हैं, ईंटें-पत्थर मारते हैं और सरकार-विरोधी नारे लगाते हैं। लड़के जब पढ़ चुकते हैं तो नौकरियां मांग-मांगकर सरकार को परेशान करते हैं और जब नौकरियां पा जाते हैं तो सरकार की बुराई करते हैं, क्योंकि कोई पढ़ा-लिखा आदमी तो सरकार का साथ दे नहीं सकता।

इन सब लोगों से बचने और इन लोगों के द्वारा पैदा की गई समस्याओं को सुलझाने का एक ही मार्ग है कि शिक्षा मंत्रालय बंद दिया जाए और इस देश की मूल्यवान आय का एक भी पैसा शिक्षा पर खर्च न किया जाए। न लड़के पढ़ेंगे, न हड़तालें करेंगे, न शीशे तोड़ेंगे। न उन्हें डिग्रियां मिलेंगी, न वे नौकरियां मांगेंगे। न

शिक्षा होगी, न सरकार की बुराइयां नजर आएंगी। सारा देश अनपढ़ होगा और सरकार को सराहेगा।

इस प्रकार शिक्षा संस्थानों को बंद कर, जिस धन की बचत होगी, उस धन को देश के लिए सबसे हितकर उद्योग में लगाया जा सकता है। मेरा विचार है कि उतने धन से प्रत्येक मंत्री, उपमंत्री और उनका मंत्रालय विदेश जा सकता है। मंत्रियों की विदेश-यात्रा हमारे देश की आय का सबसे बड़ा साधन है। मंत्रियों की विदेश-यात्राएं जितनी बढ़ेंगी, हमारे देश की आय भी उतनी ही बढ़ेगी। पर इस आय की वृद्धि के लिए आवश्यक है कि मंत्रियों के साथ उनका मंत्रालय भी विदेश जाया करे। मंत्रालय से मेरा तात्पर्य है मंत्री का आलय, अर्थात् घर या परिवार। कहते हैं कि जब लियाकत अली के साथ उनकी बेगम भी अमरीका गई थीं तो अमरीका वालों पर लियाकत अली का अधिक रौब पड़ा था। हमारे यहां जितने भी विदेशी आते हैं, सब अपनी पत्नियों के साथ आते हैं। अत: पत्नी-विहीन विदेश-यात्रा की यह अशुभ परंपरा बंद की जाए।

इस सारे वैज्ञानिक विश्लेषण से मैं इस निष्कर्ष पर पहुंचता हूं कि मंत्रियों की पत्नियों की विदेश-यात्राओं के मार्ग की एकमात्र बाधा अपने देश के मास्टर हैं। ये लोग मंत्री-पत्नियों की विदेश-यात्राओं को दिन-रात इस प्रकार कुतरते रहते हैं, जैसे गेहूं की बोरियों को चूहे। जिस प्रकार देश को अन्न की दृष्टि से आत्मनिर्भर करने के लिए उन चूहों का मारा जाना आवश्यक है, उसी प्रकार देश की आय की वृद्धि हेतु, मंत्री-पत्नियों की विदेश-यात्राओं का मार्ग प्रशस्त करने के लिए इन मास्टरों को नौकरियों से हटाया जाना आवश्यक है।

इतिहास साक्षी है कि मास्टर लोग सदा से राजद्रोही रहे हैं। राजा हरिश्चंद्र का राज एक मास्टर मांगकर ले गया था, जिसका नाम विश्वामित्र था। फिर वही मास्टर दशरथ से राम और लक्ष्मण को मांगकर ताड़का से लड़ाने के लिए ले गया था। उस दिन दशरथ कितना रोए थे। राम के वनवास के पीछे भी अप्रत्यक्ष रूप से मास्टरी ही थी। कैकेयी ने दशरथ से यही वरदान मांगा था कि राम मास्टर के वेश में वन जाएं। राम ने मास्टरी वेश धारण किया और दशरथ ने प्राण त्याग दिए। अपने लड़कों के सैनिक बनने का विरोध करते तो मैंने कई पिताओं को देखा है, पर पुत्र के मास्टर बनने पर प्राण त्यागने वाले अकेले दशरथ ही थे। रावण को ट्यूशन पढ़ाकर जब राम लौटे तो काफी देर हो चुकी थी।

उस समय के मास्टर अच्छे होते थे। भारतीय मास्टर दूर-दूर तक प्रसिद्ध थे। वे लोग लड़कों की हड़तालों से कतई नहीं डरते थे। द्रोणाचार्य नाम के मास्टर की क्लास में कौरव और पांडव नाम के लड़ाकू लड़कों के दो दल थे। पर द्रोणाचार्य

ने सबको सही कर रखा था। वह तो बाद में उनका शिष्य युधिष्ठिर बाहरी तत्त्वों के बहकावे में आ गया तो महाभारत के युद्ध में द्रोणाचार्य को हारना पड़ा।

आधुनिक शोध से यह बात सिद्ध हो चुकी है कि उस समय के मास्टर इतने अच्छे मास्टर इसलिए थे, क्योंकि न तो राजा उनको वेतन देता था और न नगर में ही रहने देता था। वे लोग जंगल में रहते थे और भीख मांगकर अपना पेट पालते थे। जब से सरकार ने मास्टरों को नगर के भीतर क्वार्टर दिए हैं और उनको नियमित वेतन देना आरंभ किया है, तब से मास्टरों का स्तर नीचे गिर गया है और जैसे-जैसे उनका वेतन बढ़ाया जाएगा और उन्हें जीवन की अधिक सुविधाएं दी जाएंगी, वैसे-वैसे मास्टरों का स्तर और भी गिरता जाएगा। इसलिए उस स्तर को ऊंचा उठाने के लिए आवश्यक है कि हम देश-भर के मास्टरों को मार-मारकर नगरों की चहारदीवारी से बाहर निकाल दें और उनका वेतन बंद कर उन्हें भीख मांगने के लिए बाध्य कर दें। बोलो, भारत माता की जय!

❑❑❑

बदतमीज बर्तन

बर्तन बड़े बदतमीज होते हैं : आदमी की नकल करते हैं। नकलची कहीं के! आदमी सभ्यता के आदेश से लंबी कतार लगाता है। वे भी कतार बनाने में आदमी के समान ही सभ्यता की छत की ओर लिफ्ट से ऊपर चढ़ रहे हैं। उस दिन देखा, एक लंबी कतार बनी हुई है बर्तनों की। अधिकांशत: डोल और लोटे ही थे। बीच में कुछ-एक पतीले भी थे। आस-पास बहुत सारे मनुष्य भी थे, पर वे कतारबद्ध नहीं थे। समझ में नहीं आया कि बर्तनों को ही क्या पड़ी थी। पूछने पर पता चला कि ये बर्तन दूध लेने के लिए कतार में खड़े हैं। स्वयं को समझा लिया और पड़ा।

पर दूसरी बार जब बर्तनों को उसी प्रकार कतारबद्ध पाया तो बौखलाहट अधिक हुई। वहां आस-पास भैंसें भी नहीं थीं। दो-एक कोठरियां थीं, जिसके चारों ओर बर्तन कतारबद्ध खड़े थे, जैसे कोठरियों की रखवाली कर रहे हों। पहले तो लगा कि उन कोठरियों के अंदर भैंसें होंगी। पर कोठरियों के अंदर भैंसे क्या कर रहीं हैं। यदि होंगी भी तो दो-एक भैंसों से अधिक नहीं हो सकतीं। तो इतने लोग यहां क्या कर रहे हैं!

मैंने पूछा, ''क्यों भई! यहां दूध मिलता है?''

लोग हंसे। बोले, ''भले आदमी, यह शौचालय है, समझे?''

मैं समझा और भागा। कितनी गंदी बात है–शौचालय के बाहर कतार। जरूर सरकारी शौचालय रहा होगा। सरकार प्रत्येक स्थान पर कतार देखना पसंद करती है तो उसने यहां भी कतार बनाव ही दी। जब राशन की दुकान के बाहर कतार होती है तो यहां भी कतार होनी ही चाहिए। राशन की दुकान से शौचालय का सीधा संबंध है।

पर फिर मेरे मन में शिकायत उभरी। मुझे लगा कि हमारे देश में अन्न की कमी इसीलिए है, क्योंकि हम खाद का महत्त्व नहीं जानते और उसका अपमान करते हैं। आखिर शौचालय में कतार लगवाकर सरकार देश की जनता को प्राकृतिक खाद बनाने से क्यों रोकती है?

मैं अपनी शिकायत लेकर अपने क्षेत्र के संसद सदस्य के पास पहुंचा। मैं अपनी शिकायत लेकर अक्सर अपने संसद सदस्य के पास ही जाता हूं। कारण यह है कि उन्हें अपना राजनीतिक अभिभावक मानता हूं। पर वह आज तक मुझे अपना चमचा ही मानते आए हैं। मुझे इस बात से जरा चिढ़ लगती है। मैंने आज तक स्वयं को किसी का चमचा नहीं माना। पूरे कटलरी सेट को आप केवल चमचा मानें तो उसे बुरा नहीं लगेगा क्या?

मैं जब अपने राजनीतिक अभिभावक के पास पहुंचा तो वे अपने मिट्ठुओं से घिरे बैठे थे। मेरा विचार है कि प्रत्येक राजनीतिक नेता कुछ-न-कुछ मिट्ठु अवश्य पालता है। मिट्ठु का काम चमचे से कुछ भिन्न होता है। वे मिट्ठू नियम से नेता को घेरकर बैठ जाते हैं और पान चबा-चबाकर अपनी चोंच लाल करते रहते हैं। फिर जब नेता अपनी बात कहकर पूछता है, "है न?" तो मिट्ठु ल़ाल-लाल चोंच खोलकर कहते हैं, "जी हां।"

तो मिट्ठुओं के बीच घिरे मेरे राजनीतिक अभिभावक काफी दुःखी थे। हुआ यह था कि वे मंत्री बनने के विचार से दल बदलने की सोच ही रहे थे कि दल उन्हें बदल गया और वे निर्दलीय हो गए थे। उन्हें भय था कि कहीं उनके मिट्ठु लोग भी उन्हें छोड़कर उड़ न जाएं।

मैंने बर्तनों की कतार की बात छेड़ी तो उनकी दुःखती रग छू गई। बोले, "कतार का अर्थ अनुशासन। अनुशासन बड़ी चीज है। आज जो दल बदले जा रहे हैं उसका कारण है अनुशासनहीनता। मैं चाहता हूं कि इस देश का प्रत्येक नागरिक अनुशासनबद्ध हो। यदि शौचालय लोगों को अनुशासनबद्ध करता है तो मैं चाहूंगा कि इस सारे देश को एक बड़ा-सा शौचालय बना दिया जाए, ताकि लोग अनुशासित हो सकें।"

"ठीक कहते हैं दादा।" एक मिट्ठु बोला, "आचार्य जी भी जब देश की विधवाओं और अनाथों की दुर्दशा को देखकर संसार से विरत होते-होते रह गए थे तो उन्होंने कहा था कि मैं तब तक विश्राम नहीं करूंगा, जब तक इस देश के घर-घर को विधवाश्रम और अनाथालय में नहीं बदल दूंगा। इस 'मोटो' को लेकर उन्होंने नई पार्टी बनाई थी। मैं आपसे भी कहूंगा कि आप सारे देश के शौचालय में बदलने का 'मोटो' लेकर नया देश बना लीजिए।"

"उनका नाम भी सुंदर होगा, शौचालय पार्टी?" दूसरा मिट्ठू बोला।

"ठीक है।" मरे राजनीतिक अभिभावक बोले, "यही करूंगा, इसके बिना देश का उद्धार नहीं हो सकता।"

मुझे लगा कि मैं यदि वहां अधिक ठहरा तो मुझे भी एक लोटा कतार में रखकर अपनी बारी की प्रतीक्षा करनी होगी। मैंने उससे अच्छा यही समझा कि दल

बदल लूं और किसी और नेता को अपना राजनीतिक अभिभावक मानकर स्वयं को उसका कटलरी सेट बना दूं।

बाहर आकर मुझे लगा कि चम्मच या कटलरी का अब कोई महत्त्व नहीं रह गया है। सारा देश वस्तुतः एक शौचालय बनने जा रहा है। अब पार्टियों के दफ्तर नहीं होंगे, उनके शौचालय होंगे–जैसे कांग्रेस शौचालय, कम्युनिस्ट शौचालय, सोशलिस्ट शौचालय, जनसंघ शौचालय इत्यादि। और उन पार्टियों के सदस्य अपने नाम का लोटा उस शौचालय के बाहर लगी कतार में रख दिया करेंगे। जिस शौचालय के बाहर जितनी लंबी कतार होगी, वह उतनी ही बड़ी पार्टी मानी जाएगी। ऐसी स्थिति में दल बदलने के लिए इतना ही पर्याप्त होगा कि अपने नाम का लोटा एक कतार में से उठाकर दूसरी कतार में रख दिया जाए।

और जिस दिन यह लोटा परंपरा आरंभ होगा, उस दिन खुले बाजार में से लोटे गायब हो जाएंगे। लोग लोटा खरीदने के लिए लाइसेंस बनवाएंगे, सरकार से परमिट लेंगे या फिर काले बाजार में से उसे खरीदेंगे। तब लोटा रखना रईसी का चिह्न माना जाएगा। जिसके पास जितने अधिक लोटे होंगे, वह उतना ही बड़ा खानदानी माना जाएगा। हो सकता है कि लोग कार के गैरेज के समान लोटा रखने के लिए लोटाघर बनवाएं, ड्राइंग-रूम में सजावट के लिए लोटा रखें और ठाकुर जी की मूर्ति के समान लोटे को भी आदरपूर्वक सिर नवाएं।

समय रहते ही मुझे समझ आ गई थी, इसलिए नेताजी के घर से निकलकर मैं लोटा खरीदने के लिए सीधा सदर बाजार चला गया।

❑❑❑

कबूतर

टाउन हाल के सामने एक चबूतरा अब भी है, तो पहले भी रहा होगा। उस पर किसी समय ब्रितानी साम्राज्य की साम्राज्ञी विक्टोरिया की काले रंग की पत्थर की बड़ी-सी मूर्ति हुआ करती थी। अब वह कहां है, मुझे पता नहीं है। जब मंदिरों से महापराक्रमी भगवान की मूर्तियां चोरी चली जाती हैं तो बीच चौराहे से एक नारी मूर्ति का गायब हो जाना कौन-सी अचंभे की बात है, चाहे वह कितने ही काले पत्थर की क्यों न बनी हो।

इंडिया गेट के बाहर पांचवें जार्ज की मूर्ति पर छत्र बनवाने वाले अंग्रेज पता नहीं कैसे चूक गए और उन्होंने रानी विक्टोरिया की मूर्ति के ऊपर छत्र नहीं बनवाया। उन्होंने शायद सोचा था कि पांचवें जार्ज की सफेद रंग के पत्थर की मूर्ति एक अंग्रेज की मूर्ति लगती है, इसलिए उस पर छत्र की आवश्यकता है, पर विक्टोरिया की काले रंग की मूर्ति हिंदुस्तानियों में खप जाएगी, इसलिए उस पर छत्र आवश्यक नहीं है। पर नेटिवों को डराने के लिए उन्होंने मूर्ति के दोनों ओर तोपें जरूर रखवा दी थीं। वे तोपें गोले नहीं दागती थीं। मेरा अपना विचार है कि जनरल कौल वही तोपें उठवाकर चीनियों से लड़ने के लिए लद्दाख में ले गए थे। अब वे तोपें पीकिंग के अजायबघर में हैं।

विक्टोरिया काफी आराम से बैठी थीं और मूर्ति का फैलाव काफी था। कबूतरों के बैठने का काफी आरामदेह स्थान था वह। हुआ यह कि उस मूर्ति पर और उसकी छत्रछाया में कबूतरों की आम सभाएं होने लगीं। हिंदुस्तानी कबूतर थे कमबख्त! अदब-कायदा कुछ जानते न थे, इसलिए हर कबूतर नियम से उस मूर्ति पर तीन बार बीठ अवश्य करता था।

उस जमाने में दिल्ली में सिवाय भारतीयों के और किसी भी राष्ट्र का नागरिक भंगी का काम नहीं करता था। और हिंदुस्तानी भंगी में इतना साहस कहां से आता कि वह ब्रितानी साम्राज्य का महान् साम्राज्ञी की मूर्ति के पास फटकता। होते-होते हुआ यह कि विक्टोरिया की मूर्ति पर कबूतरों की बीट का ढ़ेर लग गया। तोली नहीं

गई, इसलिए सही नहीं बता सकता, वैसे अंदाज से कह सकता हूं कि टन-दो टन तो होगी ही।

उन्हीं दिनों इंग्लैंड के प्रधानमंत्री श्री एटली भारत के दौरे पर आए। उन्होंने जब साम्राज्ञी का दुर्दशा देखी तो घबरा गए। उनके आगे बात स्पष्ट थी कि जिस देश के कबूतर तक इतने राजद्रोही और साहसी हों, वहां कोई अन्य देश शासन नहीं कर सकता। परिणामस्वरूप, उन्होंने भारत को स्वतंत्र कर दिया। मुफ्त में यश मिला महात्मा गांधी, नेताजी सुभाष और द्वितीय महायुद्ध को। स्वतंत्रता के इतिहास में उन महान् कबूतरों को एकदम भुलाकर भारतीयों ने अपना परंपरागत कृतघनता का प्रमाण दिया है।

स्वतंत्रता जब ऊपर से टपकी तो लोगों ने गांधी टोपी फैलाकर उसे समेट लिया। महात्मा गांधी चूंकि अपने नाम की टोपी नहीं पहनते थे, इसलिए उनके हिस्से कुछ नहीं आया। हां, उनके राजनीतिक पुत्रों ने उनकी मूर्ति कंपनी बाग में बनवा दी, ताकि वे बाग के फूलों और सैर करने वालों में ही भूले रहें और राजनीति की बात न सोचें।

महात्मा गांधी मूर्ति में बसते थे और मूर्ति चल नहीं सकती थी, इसलिए गांधीजी जड़ हो गए। गांधीवाद चल निकला। वह चलता-चलता नगर निगम में घुसा, विधान सभाओं में घुसा और जाकर लोक सभा में बैठ गया।

इधर विक्टोरिया की मूर्ति चोरी चली गई थी देश को स्वतंत्र कराने वाले क्रांतिकारी देशभक्त कबूतर फिर से निराश्रित हो गए थे। उड़ते-उड़ते वे गांधीजी की मूर्ति पर आ बैठे।

गांधीजी ने उन्हें देखकर टोका, ''देखों, मेरे ऊपर बीट मत करना।'' और उन्होंने धमकी दी, ''तुमने यदि मेरे ऊपर बीट की तो अंग्रेजों के समान मेरे शिष्य भी देश को छोड़ जाएंगे और देश का सत्यानाश हो जाएगा।''

गांधीजी ने सोचा था कि कबूतर इस बात को सुनकर पीछे हट जाएंगे, पर कबूतर मंडराते रहें, मंडराते रहे और आकर मूर्ति पर बैठकर हंसने लगे।

गांधीजी ने कबूतरों को हंसते कभी नहीं देखा था। वे बड़े हैरान हुए। उन्होंने पूछा, ''हंसते क्यों हो?''

''तुम्हें पता नहीं है,'' कबूतर बोले, ''कि जब सारा देश एकमत से यह चाहता है कि तुम्हारे शिष्य देश को छोड़ जाएं। यदि हमारे कारण तुम्हारे शिष्य देश को छोड़ गए तो समझो कि हमने देश को दूसरी बार मुक्त किया।''

''यह बात है?'' गांधीजी ने पूछा।

''हां!'' कबूतर बोले, ''और यह मत सोचो कि तुम्हारे शिष्य देश को छोड़ जाएंगे। अंग्रेजों में लाज-शरम थी। तुम्हारे शिष्यों में कुछ नहीं है। वे तो देश को ऐसे चूस रहे हैं, जैसे कुत्ता हड्डी को चूसता है।''

''पर तुम कहीं और बीट क्यों नहीं करते?'' गांधीजी ने झल्लाकर कहा।

''कहां करें?'' कबूतरों ने जारे से पंख फड़फडाए, ''तुम्हारे पुत्रों ने सारे देश को इतना गंदा कर रखा है कि उतनी गंदी जगह पर बीट करते हमें शरम आती है।

''ऐसा नहीं हो सकता।'' गांधीजी बोल, ''तुम झूठ बोलते हो। मेरे तीन बंदर कहां हैं?''

''तीन बंदर!'' कबूतर फिर जोर से हंसे, ''तीनों बंदर हर मंत्री की आत्मा में समा गए हैं। देश में बंदर-वृत्ति फैली हुई है। छीनो और खा जाओ। किसी दिन वे लोग तुम्हारे हाथ की यह लाठी भी छीनकर भाग जाएंगे।''

''और मेरे तीन बंदरों के उपदेश?'' गांधीजी ने पूछा।

''वे उपदेश सब लोगों की जुबानी याद हैं। वे रोज सबेरे उनका जाप करते हैं और ऐसे सुंदर नीति-वाक्यों के लिए तुम्हारी प्रशंसा करते हैं।''

''लोग उन पर आचरण नहीं करते?'' गांधीजी ने हतप्रभ होकर फिर पूछा।

''उन्हीं पर तो आचरण करते हैं।'' कबूतर बोले, ''वे लोग किसी काम में बुराई नहीं देखते, किसी की बुराई नहीं सुनते और किसी को बुरा नहीं कहते। सब अपने-अपने धंधे में मस्त हैं। वे केवल बुराई करने में विश्वास करते हैं। कहने, सुनने और देखने मे नहीं।''

''हाय-हाय!'' गांधीजी की आंखों से आंसू टपके, ''और मेरे पांच शील? क्या वे लोग पांच शीलों को भी भूल गए हैं, उन पर अब कोई आचरण नहीं करता?''

''नहीं-नहीं।'' कबूरों ने उन्हें आश्वासन दिया, ''तुम रोओ मत। देश में पांचों शील बहुत ही लोकप्रिय हैं। अधिक-से-अधिक लोग उन पर आचरण कर रहे हैं। उनका तो विदेशों में निर्यात भी हो रहा है। आज सबेरे ही पंच-शील ने लोक सभा के सदस्यों को आश्वासन देते हुए कहा है कि पंच-शील के बढ़ते हुए निर्यात से हमारे सामने एक बहुत बड़ा खतरा आ खड़ा हुआ है कि कहीं देश मे पंच-शील की कमी न हो जाए और उसकी मूल्य-वृद्धि न हो। इस खतरे की दृष्टि मे रखते हुए हम इस बात के लिए प्रयत्नशील हैं कि शीघ्र-से-शीघ्र पंच-शील को खुले बाजार से हटा लिया जाए और वह केवल राशन की अधिकृत दुकानों पर राशन-कार्ड पर मिला करे। हम केवल इसी से संतुष्ट नहीं है। देश के विभिन्न भागों में हम शीघ्र ही विदेशी सहायता से बड़े-बड़े कारखान खोलने जा रहे हैं, जहां 'निरोध' के समान ही व्यापक स्तर पर पंच-शील का निर्माण भी होगा।''

''तो पंच-शील बहुत लोकप्रिय है?'' गांधीजी पोपले मुंह से हंस पड़े।

''बहुत अधिक!'' कबूतरों ने कहा।

''लोग सत्य का पालन करते हैं?'' गांधी ने पूछा।

''हां!'' कबूतर बोले, ''सरकार के जीवन का सत्य खोज निकाला है। वह इस निष्कर्ष पर पहुंची है कि जीवन बिना बेईमानी और धोखेबाजी के नहीं चल सकता। छल-कपट और स्वार्थ ही जीवन का सत्य है। और इस सत्य का व्यवहार जीवन के प्रत्येक क्षेत्र में हो रहा है।''

''अहिंसा का भी पालन होता है क्या?'' गांधीजी ने अपनी ऐनक को नाक पर ठीक से बैठाते हुए कहा, ''फ्रेम अब काफी पुराना हो गया है, कुछ ही दिनों में टूट जाएंगा।''

''नया फ्रेम अब तुम्हें कोई नहीं लेकर देगा, कि कहीं तुम नई दृष्टि से दुनिया को न देखने लगे।'' कबूतर बोले, ''अपनी इसी ऐनक को संभालकर रखो।''

''ऐनक को छोड़ो।'' गांधीजी बोले, ''यह बताओ अहिंसा का पालन होता है?''

''खूब होता है।'' कबूतरों ने आश्वस्त स्वर में कहा, ''किसी अपराधी को दंड नहीं दिया जाता कि कहीं हिंसा न हो जाए। पुलिस की लाठियां भी पहले से काफी छोटी कर दी गई हैं। हिंसा हो भी तो कम हो। अफसरों को खुली छूट है कि वे हिंसा से बचने के लिए किसी भी दंड देने के स्थान पर उससे उपहार ले लें, जिससे प्रेम बढ़े और हिंसा कम हो। शत्रु देश से मार खाकर भी हम सेना को उनसे भिड़ने की खुली छूट नहीं देते कि कहीं हमारी ओर से अधिक हिंसा न हो जाएं।''

''खूब! बहुत खूब!!'' गांधीजी बहुत प्रसन्न हुए, ''मेरा देश मेरे सिद्धांतों को बहुत दूर तक विस्तार दे रहा है। इतना दूरदर्शी मैं नहीं था। अच्छा, ब्रह्मचर्य से लोग रुष्ट तो नहीं हैं?''

''कतई नहीं।'' कबूतरों ने कहा, ''सब लोग ब्रह्मचर्य का पालन करते हैं। अपने ब्रह्म को कोई नहीं भूलता। वैसे आजकल धन और यौन नाम के दो ही ब्रह्म लोकप्रिय हैं। शेष ब्रह्म, पुराने किले के पास रहने लगे हैं।''

''ठीक है। ठीक है। किला ब्रह्म के लिए अच्छी जगह है। पुराना है तो क्या हुआ। पुरानी चीजें बुरी नहीं होतीं।'' गांधीजी भाव-विभोर होकर बोले, ''अब मैं पुराना हूं, तो क्या मैं बुरा हो गया।''

''नहीं-नहीं, तुम कैसे बुरे आदमी हो सकते हो!'' कबूतरों ने गुटरगूं की, ''अंग्रेज कहते हैं 'ओल्ड इज गोल्ड'। हर पुरानी चीज सोना है। इसलिए तो हमारे

देश ने सड़ी-से-सड़ी पुरानी चीज भी नहीं त्यागी। सुना है कि सरकार केंद्रीय सचिवालय को पुराने सचिवालय में और लाल किले को पुराने किले में ले जाना चाहती है।''

''नए-पुराने की बात छोड़ो।'' गांधीजी मुस्कराए, ''यह बताओ, मेरे सिद्धात अपरिग्रह का भी कोई पालन करता है? मैंने सारा जीवन कुछ भी जमा नहीं किया। एक लंगोटी मे जीवन काट दिया। अब लोग अपरिग्रह को बुरा तो नहीं समझते।''

''नहीं-नहीं, कतई नहीं!'' कबूतरों ने कहा, ''लोगों के पास है ही क्या कि वे जमा करें। कुछ मिलता ही नहीं है। दो-चार दुष्टों की बात जाने दो। जानता तो सारी भूखी-नंगी ही है। हां, सरकार अपरिग्रह में पूरा विश्वास रखती है।''

''कैसे? कैसे?'' गांधीजी ने प्रसन्न होकर पूछा।

''सरकार अन्न जमा नहीं करती, इसलिए अकसर अकाल पड़ते रहते हैं'' कबूतर बोले, ''सरकार ने कभी इतना धन जमा नहीं किया कि अपनी किसी योजना को पूरा किया जा सकें। जितनी भी आय हो, वह सारा धन खर्च कर देती है। और तो और, वह तो सेना के लिए हथियार जमा करने मे भी विश्वास नहीं करती। लड़ाई छिड़ने पर हमारे मंत्री विदेशों की सैर करने के लिए चल पड़ते हैं कि हथियार मांगकर लाएं।''

''वे मेरे सच्चे सपूत हैं।'' गांधीजी का कंठ गद्गद हो आया, ''और पांचवां शील अस्तेय.....?'' वे अपना वाक्या भी पूरा नहीं कर पाए।

''आस्तेय....चोरी नहीं करना।'' कबूतर अधिक उत्साह से बोल पड़े, 'इस शील का आचरण इस देश मे सबसे अधिक हो रहा है। यहां कभी चोरी नहीं होती। कोई चोरी नहीं करता। उसकी आवश्यकता ही नहीं है। अपराधी को दंड तो मिलता ही नहीं। फिर कोई काम चोरी-छिपे क्यों हो...यहां जब पड़ते है तो दिन-दहाड़े डाके ही पड़ते हैं। अस्तेय का व्रत कोई भंग नहीं करता।''

''बहुत अच्छा! बहुत अच्छा! सब लोग मेरी बात मानते हैं।'' गांधीजी बोले, ''तुम भी मेरी बात मानो।''

''क्या?'' कबूतरों ने पूछा।

''मुझ पर बीट मत करो।''

''तो कहा करें?'' सारे देश मे और कोई साफ जगह ही नहीं है।'' कबूतरों ने कहा।

''तुम्हारा अधिकार है कि तुम्हें बीट करने के लिए उपयुक्त स्थान मिले।'' गांधीजी अपने कोमल जोश मे बोले, ''तुम्हें यदि सरकार उपयुक्त स्थान नहीं देती तो तुम सत्याग्रह करो। मेरी आज्ञा से जाओ और केंद्रीय सचिवालय पर बीट करो।''

कबूतरों को सहसा जैसे पंख लग गए। वे फड़फड़ाते हुए उड़ गए और क्षण-भर में आंखों से ओझल हो गए।

गांधीजी को कुछ राहत हुई। उन्होंने आकाश की ओर देखा। सूर्य निकल आया था। चारो ओर धूप फैल गई थी और आस-पास के मैदानों मे बच्चे गुल्ली-डंडा खेल रहे थे।

गांधीजी ने सोचा, आज स्कूल में जरूर छुट्टी होगी, नहीं तो बच्चे पढ़ने गए होते, खेल नहीं रहे होते। उन्होंने सत्याग्रह करने के लिए स्कूल-कॉलेज छोड़ने को कहा था, गुल्ली-डंडा खेलने के लिए नहीं।

वे मुस्कराते हुए धूप सेंकने लगे।

तभी कबूतर उड़ते हुए फिर लौट आए और आकर उनके चारों ओर बैठ गए।

''तुम लोग लौट आए?'' गांधीजी ने आश्चर्य से पूछा, ''इतनी जल्दी।''

''गृह-मंत्रालय में हमें बीट नहीं करने दी।'' कबूतर उदास स्वर में बोले।

''क्यों?''

''उनका कहना है कि इस समय देश मे विदेशी अतिथि आए हुए हैं, इसलिए सचिवालय पर केवल विदेशी कबूतरों को ही बीट करने की अनुमति दी जा सकती है।'' कबूतर बड़ी मुश्किल से अपनी बीट रोक रहे थे।

''मैंने यह देश अपने देशवासियों के रहने के लिए स्वतंत्र कराया था।'8 गांधीजी बोले, ''फिर भी सारी सुविधाएं विदेशियों के लिए ही हैं।''

''हां।'' कबूतर बोले, ''एक बार विजयलक्ष्मी पंडित ने कहा था कि हिंदी में लिखे हुए सड़कों के नाम मैं स्वयं नहीं पढ़ सकती, तो विदेशी लोग कैसे पढ़ेंगे, इसलिए सारे नाम अंग्रेजी में लिखे हुए होने चाहिए।''

''तो हिंदुस्तानी लोग वे नाम कैसे पढ़ेंगे?'' गांधीजी ने पूछा।

''उन्हें पढ़ने की जरूरत नहीं है।'' कबूतरों ने बताया, ''उन्हें या तो नाम जुबानी याद होने चाहिए या उन्हें विदेशियों से प्रार्थना करनी चाहिए कि वे लोग उनके देश की सड़कों के नाम उन्हें पढ़कर बताएं।

''हूं।''

''हम बीट कहां करें?'' सहसा एक कबूतर ने चीखकर पूछा।''

''सचिवालय के गुंबद पर तुम्हें बीट नहीं करने दी गई तो तुमने सचिवालय के भीतर बीट क्यों नहीं की?'' गांधीजी नाराज हो गए।

''भीतर!'' कबूतर खिलखिलाकर हंस पड़े, ''सचिवालय के भीतर तो पहले ही से विदेशी कबूतर बीट कर रहे हैं। हमारी क्या हस्ती है वहां!''

''अच्छा!'' गांधीजी सोच में पड़ गए।

''हम बीट कहां करें? कहां करें?'' कबूतर फिर चीखें।

''ठहरो! मुझे सोचने का अवसर दो।'' गांधीजी मधुर कंठ से बोले।

''ओह! यह मामला पैंडिंग में मत डालो।'' कबूतर चीखे, ''यह तुम्हारी पंचवर्षीय योजना नहीं है।''

''तो मैं क्या करूं?''

''अच्छा चलो, अगली योजना में हमें कोई स्थान दिला दो।'' कबूतरों ने समझौता करने के लिए हाथ बढ़ाया।

''ठीक है।'' गांधीजी बोल, ''मैं तो कहीं जा नहीं सकता। योजना-मंत्री को मेरे पास भेज दो।''

और कबूतर योजना-मंत्री को बुलाने के लिए उड़ चले।

❑❑❑

अंगद का दोष

रामायण में एक पात्र है अंगद। वह बाली का बेटा था और सुग्रीव का भतीजा। उसने अकेले ही इस सारे देश की प्रगति रोक रखी है। देश को जड़ बनाकर रख दिया। मेरी समझ में नहीं आता कि दोष किसे दिया जाए। बाल्मीकि ने भी अंगद को आदर्श माना है और तुलसीदास ने भी। जब इन गुरु-घंटालों ने माना है तो बाकी कथा-वाचकों ने भी माना ही होगा। तो अंगद को आदर्श बनाकर भारत के सामने रख दिया। अंगद ने रावण के दरबार में पैर जमा दिया था, तो बस जमा दिया था, फिर उसे कोई हिला भी नहीं पाया। और अब वही पैर जमाने वाला हमारा आदर्श बन गया है। सन् 1947 में भारत का शासन अंग्रेजों ने भारतवासियों को दिया तो भारतीयों ने संसार के सारे देशों की बिरादरी में अंगद के समान पैर जमा दिया। बस जमा दिया तो जमा दिया, हिलने का नाम ही नहीं लिया। फिर आगे कैसे बढ़ें? रावण के दरबारी मल्लों के ही समान संसार के बड़े-बड़े मल्ल देशों ने जोर मारा कि इंच-भर तो खिसक! पर अंगद का देश नहीं खिसका। उल्टे इंच को बदलकर रख दिया, इंच की जगह सेंटीमीटर चला दिया।

दशमलव प्रणाली का आरंभ हुआ तो रुपया, आना, पाई खिसक गए; केवल रुपया और पैसा रह गए। उधर मन, सेर, छटांक विदा हुए और साथ ही मील, गज और इंच भी चल बसे। अब रह गए हैं मीटर-मिलीमीटर, सेंटीमीटर और शुद्ध मीटर। पर मुहावरा नहीं बदला। अब भी हम इंच-भर खिसकना ही कहते हैं; कोई सेंटीमीटर-भर खिसकना नहीं कहता। अंगद के पैर के समान अड़े हुए हैं। जमाना बदल जाएगा, पर मुहावरे नहीं बदलेंगे।

मेरी सलाह है कि सारे साहित्यकारों को बुलाकर एक बार सारे पुराने मुहावरे बदल दिए जाएं और नया और वैज्ञानिक मुहावरा-कोश बनाया जाए। सबसे पहला अवैज्ञानिक मुहावरा-"चार दिन की चांदनी।" यह तो साहित्यकारों तथा वैज्ञानिकों से पूछे बिना ही बदल दिया जाना चाहिए। भला दिन में चांदनी का क्या काम? शुद्ध मुहावरा है, 'चार रातों की चांदनी।' दिन में चांदनी तो विज्ञान के जन्म से पहले भी

नहीं होती थी, फिर भी किसी ने यह मुहावरा बना दिया। एक-से-एक पागल होते हैं मुहावरा बनाने वाले।

भाषा की इस प्रकार की भूलों को प्रोटेस्ट करने वाला एक व्यक्ति साहित्य के इतिहास में मुझसे पहले भी हुआ है। उसका नाम कबीर था। उसने रंगी को नारंगी, दूध के तत्त्व को खोया और चलती को गाड़ी कहने का विरोध किया था। पर उसके विरोध के ढंग विचित्र था। वह यह सब देखकर रो पड़ता था। 'देख कबीरा रोया' भी अब मुहावरा ही बन गया है। एक बार वह और भी रोया था–'चलती चक्की देखकर दिया कबीरा रोय।' बड़ा विचित्र आदमी था, चक्की को चलते देखकर रो पड़ा। कोई गाड़ी को चलते देखकर रो पड़े तो बात भी समझ में आती है। आप मुट्ठी-भर नोट भारतीय रेलवे को देकर टिकट खरीदें और गाड़ी चल पड़े और आप चढ़ न पाएं तो रोने की ही बात है। यह भी हो सकता है कि गाड़ी में चढ़ाने जाएं। चढ़ा दें, सारे कंपार्टमेंट को 'उनका' ध्यान रखने को कह दें, पानी की सुराही भरकर रख दें और फिर गाड़ी चल दे। 'वे' खिड़की से देखते रहें तो प्लेटफार्म पर खड़े-खड़े आप रोएंगे ही। पर कबीर चक्की को चलते देखकर रो पड़ता था।

पर बात पुराने मुहावरों को बदलकर नए मुहावरे लाने की थी, नए और वैज्ञानिक मुहावरे। मुझे डर है कि यह संभव नहीं हो पाएगा। जब हिंदी के अन्य साहित्यकारों को पता चलेगा कि मुहावरे बदलने की बात मैंने चलाई है तो वे कहेंगे, 'हम नहीं मानेंगे। हमें दकियानूसी बने रहना पसंद है, पर किसी की बात नहीं मानेंगे।' मैं अब तक समझ नहीं पाया कि साहित्य में एक-दूसरे की बात न मानने का रिवाज क्यों है। लोग मेरी बात नहीं मानते, जब मैं कहता हूं कि मैं तुम्हारी बात मान लेता हूं तो वे मुझे छोटा आदमी समझने लगते हैं। तो निष्कर्ष यह निकला कि किसी और की बात मानकर आदमी छोटा हो जाता है, इसलिए किसी की भी बात नहीं माननी चाहिए। साहित्यकार भी उस झगड़ालू पत्नी के समान होते हैं जो पति की बात के विपरीत चलती थी।

ये साहित्यकार भी अंगद के पैर के समान अड़े रहेंगे, कोई नई बात स्वीकार नहीं करेंगे। वैसे भी नई बात स्वीकार करने में बड़ा संकट होता है। मेरे एक मित्र ने मुझे बताया है, उनके गांव में एक महात्मा जी की समाधि थी। महात्मा जी के हजारों भक्त उनकी समाधि को घेरे रहते थे। मान्यता यह थी कि समाधि पर जाकर मन-ही-मन जो कुछ मांगो, वह मिल जाता था। बाहर से आए हुए उन हजारों भक्तों से परेशान होकर मेरे वे मित्र स्वयं ही उस समाधि पर जा पहुंचे और आंखें बंद कर उन्होंने कहा, 'महात्मा जी! आप अपनी समाधि और इन भक्तों समेत हमारे गांव से कहीं और चले जाइए।' सुना है कि इस मांग से महात्मा जी की आत्मा समाधि में

बहुत तड़फड़ाती रही, पर अंत में उसने यही निर्णय किया कि इस प्रकार की कोई भी नई मांग नहीं माननी है। नई चीजें बहुधा बड़ी बेहूदा होती हैं।

पुराने लोग नई चीजों और नए लोगों को सदा ही बेहूदा मानते हैं, पर मेरे एक क्रांतिकारी मित्र इसके अपवाद हैं। वे एक कॉलेज में पढ़ाते हैं। एक दिन वे बोले कि जब वे स्वयं पढ़ते थे तो उन्होंने महसूस किया था कि उनकी पीढ़ी अपने गुरुओं की पीढ़ी से अधिक मेधावी थी और अब पढ़ाते हुए उन्होंने महसूस किया है कि अगली पीढ़ी जो उनसे पढ़ रही है, उनकी पीढ़ी से भी अधिक मेधावी है। मैंने कहा कि यह तो बहुत बुरी बात है कि हर युग और काल में अधिक बुद्धि-मेधा वाले लोगों को स्वयं से कम बुद्धि-मेधा वालों को अपना गुरु मानकर अपनी बुद्धि को कुंठित करना पड़ता है। पर वे मुझसे सहमत नहीं हो सके। बोले, ''बुरी बात क्या है, आखिर पढ़ाएगी तो पुरानी पीढ़ी ही। अब क्या नई पीढ़ी को गुरु बनाया जाए और पुरानी पीढ़ी को शिष्य! नवीनता को सदा ही पुरातनता से पढ़ना पड़ेगा।''

मुझे लगा कि उनके भीतर भी अंगद का पैर जमा पड़ा है, हिल ही नहीं रहा। आखिर वे क्या कर सकते हैं। दोष उनका नहीं था, दोष अंगद का था, जिसने सारे देश की प्रगति रोक रखी है या फिर दोष बाल्मीकि और तुलसी का है। दोष मेरे मित्र का कदापि नहीं है।

मुझे लगता है कि दोष हमेशा नवीनता का ही होता है। यदि हमारी बुद्धि नई बातें सोचनी बंद कर दे, तो सब ठीक हो जाए। जब अंग्रेजों ने इस देश का बेड़ा गर्क किया तो हम यह नई बात क्यों चाहते हैं कि उनके उत्तराधिकारी इस देश का बेड़ा गर्क न करें। यदि हम यह पुरानी बात मान लें कि गद्दी पर बैठने वाला व्यक्ति वही करेगा, जो उससे पहले वाला करता आया है तो कोई झगड़ा ही नहीं है। फिर कोई शासन नहीं बदला जाएगा, कोई दल नहीं बदला जाएगा।

अब वस्तुतः पुरानी चीजों की ओर लौटने का युग आ गया है। लड़के पुराने राजाओं के समान लंबे बाल और कलमें रखतें हैं, उन्हीं के समान गहने पहनते हैं। अच्छे दरजियों के जन्म से पहले पहने जाने वाले कपड़े पहनते हैं और सभ्यता से पहले वाला पुराना व्यवहार करते हैं। मैं जब लड़कों को वापस लौटते देखता हूं तो मुझे बड़ी खुशी होती है। मैंने सातवीं कक्षा के इतिहास की पुस्तक में पढ़ा था कि भारत का पुराना युग स्वर्णयुग था। सोचता हूं हम पीछे लौटे तो स्वर्णयुग की ओर लौट पड़ेंगे। पर फिर अंगद बीच में आ जाता है। वह पैर जमाए खड़ा है। न आगे बढ़ने देता है, न पीछे हटने देता है। बस अड़ गया सो अड़ गया। यह देश जड़ हो गया है। मैं सोचता ही रहता हूं कि अंगद को उसके दोष के लिए क्या दंड दूं।

❑❑❑

नाम-चर्चा

कहते हैं, हिंदी के कथा-साहित्य में गतिरोध आ गया है। ऐसे संकट हिंदी साहित्य में पहले भी आए हैं और अकसर आते रहते हैं। हिंदी में आते हैं तो अन्य भाषाओं के साहित्यों में भी आते होंगे। पर फिर भी सारी दुनिया का काम चलता है। यह कोई ऐसी कठिनाई नहीं है, जिसका कोई समाधान न हो।

पर इस गतिरोध से एक भयंकर समस्या दूसरे क्षेत्र में पैदा हो गई है। सारे हिंदी-भाषी प्रदेशों में नाम को लेकर गतिरोध आ गया है। कहीं किसी के घर में कोई संतान हुई और मुसीबत उठ खड़ी हुई। कितनी भयंकर समस्या है कि बच्चे का नाम क्या रखें?

पता नहीं क्यों, मेरे सारे नाते-रिश्तेदारों, मित्रों और जान-पहचान वालों ने यह मान लिया कि संतान उत्पन्न करना उनका काम है, पर उनके बच्चों का नाम रखना मेरा काम है।

इस कर्तव्य को पूरा करने में मुझे कोई परेशानी नहीं थी, पर हिंदी कथा-साहित्य के इस गतिरोध ने मेरी गति भी अवरुद्ध कर दी है। पहले यह होता था कि किसी ने नाम पूछा और हमने कोई भी पत्रिका उठा ली। जिस किसी कहानी की नायिका या नायक का नाम दिखा, वही टिका दिया। लोग होते भी इतने सरल थे कि झट वह नाम पसंद कर लेते थे।

अब हिंदी का कथा-लेखक अपनी कहानियों में नाम रखने से कतराने लगा है। पचासों कहानियां पढ़ जाओ तो कहीं एक-आध नाम मिलता है; नहीं तो 'यह', 'वह' से काम चला लेते हैं। हर कहानी का नायक का नाम 'वह'। और मेरी बात मान अपनी संतान का नाम 'यह' रखने को कोई भी तैयार नहीं। नाम हिंदी का कहानी-लेखक नहीं रखता, और परेशानी मेरे लिए खड़ी हो गई।

मेरे मस्तिष्क में एक साहित्यिक टोटका आया। मैंने सोचा, कथा-साहित्य में गतिरोध जाने पर भी तो अखिर हिंदी कहानी-पत्रिकाओं का संपादक अपना कार्य किसी प्रकार चला ही रहा है न। कैसे चलाता है वह?

थोड़ी-सी छानबीन से पता चला कि कलकत्ता और बनारस में बहुत दूरी नहीं है। बस, कलकत्ता से बंगला कहानियां बनारस में आ जाती हैं, अर्थात् हिंदी कहानी-पत्रिकाओं का संपादक बंगला साहित्य से कहानियां स्मगल करता है। मैंने भी वही तरीका अपनाया–बंगाली नामों को हिंदी में स्मगल करना शुरू किया। सरल-सा मार्ग था। और सुविधा यह भी थी कि कहानी का सर्वाधिकार चाहे लेखक के पास हो, संपादक के पास हो या प्रकाशक के पास, उसके नायक-नायिका के नामों का कापीराइट किसी के भी पास नहीं होता। तो किसी के अधिकार का अतिक्रमण नहीं हो रहा था।

मैंने हजारों-लाखों बंगला नामों को, पीट-पीटकर खड़ा किया और खड़ी बोली के नाम बना लिए!

पर इस बार प्रादेशिकता आड़े आई। मेरे भाई-बंधु, मित्र तथा पड़ोसी अधिकांशतः पंजाबी हैं। दूसरे प्रदेशों के लोग मेरा पंजाबी अक्खड़पन कम ही सहते हैं–इसलिए अधिक निभती नहीं। एक कश्मीरी बंधु ने एक बार कहा था कि मैं उनकी पुत्री के लिए कोई अच्छा-सा नाम चुनकर दूं। पर उनकी अनेक शर्तें थीं। एक तो वे कश्मीरी थे और कश्मीर बहुत सुंदर प्रदेश है। फिर उनकी बिटिया कश्मीर के सौंदर्य से भी अधिक प्यारी थी। उस बच्ची का नाम कुछ ऐसा ही होना चाहिए था जिसमें कश्मीर का सारा प्राकृतिक सौंदर्य साकार हो सकें। मैंने क्षमता-भर परिश्रम किया, किंतु किसी भी नाम से उन्हें संतुष्ट नहीं कर पाया। अंततः उन्होंने ही कहा कि यदि मैं कोई नया नाम नहीं दे सकता तो उनके सोचे हुए नाम का हिंदी में कोई अच्छा-सा पर्याय दे दूं, जो कि उस बच्ची का नाम रखा जा सके।

मैंने उनकी बात मान ली, इसमें मुझे कोई परेशानी नहीं थी। मैंने उनका सोचा हुआ नाम पूछा।

''रोजालीना।'' वे बोले, ''इसमें कश्मीर के सौंदर्य, कश्मीर के रोज का सौंदर्य, सब कुछ आ जाता है। वैसे पंडित नेहरू भी कश्मीरी थे और वे अपने कोट पर गुलाब का फूल भी टांका करते थे। सच पूछिए तो ......'' और वे अत्यंत भावुक हो उठे–''रोजालीना शब्दा से ही हमारी बेबी का चेहरा आंखों के सामने घिर जाता है।''

''नाम तो बहुत सुंदर है।'' मैंने स्वीकार किया।

''बस, कठिनाई इतनी है कि नाम अंग्रेजी में है और हमारे रिश्तेदार इसे हजम नहीं कर पा रहे। आप इसकी हिंदी या भारतीय पर्याय दे दें।'' उन्होंने कहा।

मैंने बहुत सोचा, शब्दकोष उलट-पलट डाले और तब खोजकर उनको 'रोजालीना' का पर्याय दिया, 'गुलाबो'।

उन्होंने मेरा चेहरा देखा और नाम सिकोड़कर बोले, ''आखिर पंजाबी हो न!''

मुझे तब भी लगा था कि प्रादेशिकता मेरे कर्तव्य में बाधा खड़ी कर रही है। और जब मैंने बंगला के नाम स्मगल करने आरंभ किए हैं, तब भी मुझे यही लग रहा है।

अभी कल ही मेरे एक पंजाबी पड़ोसी आए थे। उनके घर पर परम परमेश्वर की किरपा से एक पुत्तर का जनम होया था। अतः वे चाहते थे कि मैं उनके सुपुत्तर के लिए कोई सोणा सा नां चुन दूं।

मैं मान गया। वैसे इतनी जल्दी मैं सामान्यतः माना नहीं करता। पर कल रात से एक बड़ा मधुर-सा नाम मेरे मन में चक्कर-भंबीरी काट रहा था। सोचा, इनको वही नाम बता दूं। इनके सुपुत्तर को नां मिल जाएगा और मुझे उसकी चक्कर-भंबीरी से मुक्ति।

मैंने कहा, "लालाजी! इसका नाम तो आप रखें 'निकुंज'। बढ़िया नाम है और सारे मुहल्ले में किसी का नहीं है।"

"आप मजाक बढ़िया करते हैं मास्टर साहब!" वह दोनों हाथों से ताली पीटकर खिलखिलाए, "क्या नां चुना है। कुंभकरन जैसा लगता है।"

मैंने कुछ नहीं कहा, चुपचाप उन्हें देखता रहा।

"ऐसा करो," वह बोले, "कोई बढ़िया-सा अंग्रेजी का नां सोचो।" मैने सोचा है, वैल्कम कैसा रहेगा? अपने मकान का नां भी हम इसी पुत्तर के नां पर 'वैल्कम बिल्डिंग' रखेंगे।"

मेरी बुद्धि चक्कर खा गई। ऐसे नाम की तो मैंने कल्पना ही नहीं की थी। पिंकी-शिंकी तो लोग आम रखने लगे हैं। सुना था, किसी ने अपनी बेटी का नाम 'ट्विंकल' भी रखा है। हमारे पड़ोस मे एक साहब ने अपने बेटे को 'प्रिंस' घोषित किया है। पर वैल्कम ऊंचा नाम था।

"पहला पुत्तर है न?" मैंने पूछा।

"हां जी! पैल्ला, एकदम पैल्ला।" वह बोले।

"तो ठीक है," मैं बोला, "इसका नाम वैल्कम रखिए और दूसरे का फेयरवैल।"

वे एक साथ दो-दो नाम पसंद कर चल पड़े।

□□

अभी पिछले दिनों ही क्षेत्रीयता ने मुझे एक बार और पछाड़ दिया। हमारे मकान से चौथे मकान में रहने वाले मेरे पड़ोसी का लड़का तीन वर्ष का हो गया था, पर वे अभी तक उसके लिए एक नाम तक नहीं खोज पाए थे। जैसे-जैसे दिन निकलते

जाते थे, उनकी चिंता और भी गहरी होती जाती थी। जब अपने लड़के के लिए एक उपयुकत नाम तक नहीं ढूंढ पा रहे थे तो उसके योग्य कन्या और नौकरी कहां से खोज पाएंगे।

मुझसे मिले तो अपनी चिंता-गाथा ले बैठे। जब वे बहुत रो चुके और बहुत रोकने पर भी मेरा हृदय पूरा गल गया और फेफड़ों की बारी आ गई तो मैंने पूछा, ''आखिर समस्या क्या है?''

''समस्या क्या है,'' वह बोले, बबुआ की महतारी की हठ और क्या?''

''क्या हठ है?'' बहुत चाहने पर भी उनका घरेलू रहस्य पूछने से मैं स्वयं को न रोक सका।

वह बोले, ''हमारा बबुआ बहुत शोर मचाता है, बहुत ही ज्यादा। उसकी महतारी कहती है कि उसका नाम हम उसके शोर मचाने पर ही रखेंगे।''

मैं चकित हो गया, हठ को सुनकर। यह भी क्या हठ! लोग गुण पर तो नाम रखते ही हैं, पर दोष को लेकर नाम! तिरिया हठ!

मुझे चिंतित देखकर वह बोले, ''कोई नाम सोच रहे हैं क्या?''

मैंने कहा, ''एक नाम सूझा है। आपके बबुआ के शोर मचाने से मिलता-जुलता नाम। शायद आपको पसंद आए।''

''हमारी पसंद क्या है,'' उनका मुंह लटका ही रहा, ''पसंद तो बबुआ की महतारी की। बोलिए, क्या नाम सूझा है आपको।''

''कोलाहल!'' मैंने बताया।

''कोलाहल!'' उन्होंने दुहराया, ''वैसे तो सुंदर है, पर बबुआ की महतारी को पसंद नहीं आवेगा।''

''क्यों?'' मैंने पूछा।

बोले, ''नाम तो कोई हमारे देसवा जैसा ही होना चाहिए। जैसे हमारा नाम है रामखेलावन। कोई ऐसन ही नाम हो।''

मेरी बुद्धि चकमक हो रही थी। जल्दी से बोला, ''रामखेलावन के तौल पर आप शोरमचावन रख दीजिए।''

''शोरमचावन।'' वह उछल पड़े, ''बहुत बढ़िया। हम तीन बरिस से एही नाम तो खोज रहे थे। आप सचमुच बहुत बुद्धिमान हैं, मास्टर साहब!''

और वे चले गए।

□□

बच्चे के गुण-दुर्गुण पर नाम रखने वाले वह अकेले ही नहीं थे।

मेरे एक मित्र का पल्ला पकड़कर एक और साहब आए। पता नहीं लोगों को कहां-कहां से मालूम हो जाता है कि मैं बच्चों के नाम रखने में बहुत दक्ष हूं!

मैंने उन्हें चलते-से दो-तीन नाम सुझाकर पीछा छुड़ाना चाहा तो वह खुले। बोले, "ऐसे नहीं चलेगा, साहब! हम तो आपको नामों का स्पेशलिस्ट समझकर आए हैं।"

"आपको कैसा नाम चाहिए?" मैं ऐसे अवसरों पर स्वयं को उस दुकानदार की स्थिति में पाता हूं, जो ग्राहक को तैयार माल से संतुष्ट न कर पाने के कारण, ऑर्डर पर माल बनवा देने का प्रस्ताव रखता है।

"बात यह है साहब," वह बोले, "आप जानते हैं, किसको अपना बच्चा प्यारा नहीं लगता। हमें भी अपना बच्चा प्यारा है। वैसे आप उसे देखें तो आप भी मानेंगे कि वह बहुत प्यारा है। क्यों भाई साहब!" उन्होंने मेरे मित्र को ठोका दिया, "ठीक कह रहा हूं न?"

"जी हां। जी हां! बहुत प्यारा बच्चा है।" मेरे मित्र ने कहा।

"पर साहब!" वह फिर बोले, 'बहुत सताता भी है। हम चाहते हैं कि उसका कुछ ऐसा नाम रखा जाए कि उसका प्यारापन और सताना दोनों ही बातें कवर हो जाएं। काम तो कठिन है, पर आप विद्वान हैं। कोई-न-कोई नाम तो सुझा ही देंगे।"

मैंने सोचा, काम वस्तुतः बीहड़ था। लोग भी कैसे-कैसे मूर्ख होते हैं। क्या शर्त लाए हैं। पर ठीक है, मैं भी विद्वान हूं।

मेरी बुद्धि ने एक चमत्कार किया। ऐसे चमत्कार वैसे कभी-कभी ही होते हैं। पर हो जाते हैं।

मैं बोला, "आपकी शर्तें बहुत कठिन हैं, पर फिर भी प्रयत्न करना हमारा धर्म है। मेरे मन में एक नाम है। नाम अत्यंत साहित्यिक है और हिंदी साहित्य के मूर्धन्य साहित्यकार, कवि और नाटककार जयशंकर 'प्रसाद' की अलौकिक प्रतिभा की उपज है।" मैंने देखा, वे श्रद्धा से नत होकर मेरी बात सुन रहे थे। मैं फिर बोला, 'प्रसाद ने भी बचपन में इन्हीं दोनों पक्षों को एक साथ देखा था और अपने एक गीत 'उठ-उठ री लघु-लघु लोल लहर' में उन्होंने प्यारे और हठीले बचपन को 'दुर्ललित' कहा है। आप यही नाम अपने बच्चे का भी रख दें।"

उनके चेहरे के भाव नहीं बदले। वे वैसे ही जड़ मुद्रा में बैठे रहे।

"साहब! हम नौकरी-पेशा लोग तो हैं नहीं।" कुछ देर बाद, बड़ी खीझ के साथ बोले, "ये फैशनबल नाम हमारे घरों में नहीं चलते। हमारे बच्चे को तो बड़े

होकर आढ़त का काम करना है, फर्म खोलनी है। हमें तो ऐसा नाम चाहिए, जो किसी फर्म का नाम भी हो सके। लट्‌ठाराम गेंदामल वगैरह-वगैरह। कोई ऐसा ही नाम बताइए।''

मैं फिर चिंता में पड़ गया। ठीक है, नाम को लेकर जहां क्षेत्रीय आग्रह हैं, वहां व्यावसायिक आग्रह भी होंगे। आखिर किसी फिल्म एक्टर का नाम बिछावनमल तो नहीं हो सकता न! उसी तरह फर्म का नाम....और फिर उनकी शर्तें!

मैं बोला, ''आप ऐसा करें, बच्चे का नाम प्यारूमल सताऊमल रख दें। फर्म का नाम जरूर लगेगा, बच्चे का चाहे न लगे।''

उनकी आंखों का भाव पहली बार बदला और वह चमककर बोले, ''मारा! अब ठीक है। वाह प्यारूमल सताऊमल एंड संस। वाह भाई, वाह!''

पर मैंने उसी दिन से नाम बताने का काम स्थगित कर दिया है। अब मैंने नामों का वर्गीकरण आरंभ कर रखा है–फर्मों के उपयुक्त नाम, नेताओं के उपयुक्त नाम, एक्टरों के उपयुक्त नाम इत्यादि। देखना यह है कि कितने वर्ग बनते हैं और फिर उनके अनुसार नामों की सूचियां बनाऊंगा और फिर नाम बताने का ही धंधा आरंभ कर दूंगा। उन नामों का पेटेंट करवा लूंगा और फिर उन पेटेंट नामों की रायल्टी देकर ही लोगों उनमें से कोई नाम रख सकेंगे। आप अपनी आवश्यकता अग्रिम रूप से लिख भेजें!

❑❑❑

ठंड तथा रजाई

हमारा बच्चा कल ठीक दो बजे रात जोर-जोर से रोने लगा। मेरी आंख खुल गई। घड़ी देखी और सोचा, अभी तो रात काफी बाकी है। बच्चे के जागने का समय अभी नहीं हुआ था। फिर यह कैसे जाग गया? जरूर उसे किसी चीज ने तंग किया होगा, या किसी चीज की जरूरत होगी। पर इतनी रात गए ठंड में रजाई छोड़कर कौन उठता! मैंने सोचा, बच्चे की मां स्वयं उठकर उसे संभालेगी, आखिर बच्चे के चीखने से उसकी नींद भी टूटेगी। पर वह भी रजाई छोड़ने को तैयार नहीं थी और बच्चा चीखता जा रहा था।

और तब सहसा उस ठंड में मुझे ब्रह्मज्ञान हुआ। मुझे लगता है कि ब्रह्मज्ञान हमेशा ठंड में ही होता है। तभी तो हमारे सारे ऋषि-मुनि, साधु-महात्मा कपड़े उतार नंगे बदन ही रहते थे। सर्दी लगी और ब्रहाज्ञान हुआ। यदि ऐसी बात न होती तो सारे महात्मा लोग सूटों में नजर आते। अच्छे से अच्छा सूट पहनकर समाधि में बैठते।

मैं इस बात की कल्पना करके ही डर जाता हूं। यदि कहीं ब्रह्मज्ञान प्राप्त करने के लिए सूट पहनना आवश्यक होता तो भारत के सारे साधु सूटों में नजर आते। तब कुंभ मेला, मेला न होकर विभिन्न फैशनों के सूटों की प्रदर्शनी हो जाता। हो सकता है कि विभिन्न अखाड़ों के साधुओं के लिए विशिष्ट प्रकार का सूट यूनिफार्म बन जाता। फिर जो साधु आपके द्वार पर आता, वह दस पैसे न मांगकर एक सूट का कपड़ा मांगता। दानियों को साधुओं को साथ ले जाकर बाजार से उनकी पंसद के सूट का कपड़ा लेकर देना पड़ता। हर गर्म कपड़े की मिल का मैनेजर एक साधु होता। सूट साधुत्व का प्रतीक होता और गृहस्थ जाड़े में बिना सूट के ठिठुरते नजर आते।

पर ऐसा नहीं होता। ब्रह्मज्ञान ठंड में ही प्राप्त होता है। मुझे भी हुआ। मुझे लगा, रजाई ही संसार का सबसे बड़ा मोह है। कुर्सी तो व्यर्थ ही बदनाम है। हमारे नेता लोग कुर्सी से चिपककर नहीं बैठे हैं। वे लोग रजाई ओढ़े बैठे हैं। देश, हमारे बच्चे के समान, जोर-जोर से चीख-चीखकर रो रहा है, पर कोई भी नेता अपनी रजाई

छोड़कर यह देखने के लिए बाहर आना पसंद नहीं करता कि देश को आखिर कष्ट क्या है?

रजाइयां बहुत प्रकार की हैं। कोई किसी पार्टी की रजाई ओढ़े सुख से सो रहा है। किसी को संसद सदस्यता की रजाई ने ढांप रखा है। किसी के पास परमिटों और लाइसेंसों की रजाई है- पर रजाई सबके पास है। सबसे बढ़िया रजाई मंत्री-पद की होती है। किसी को यह रजाई मिल जाए तो वह उससे अपना शरीर ही नहीं, मुंह भी अच्छी प्रकार ढांप कर सो जाता है। फिर उसे न किसी का रोना सुनाई पड़ता है, न छींकना दिखाई देता है।

ज्यादातर लोग मंत्री-पद की रजाई के लिए पार्टी की रजाई छोड़ रहे थे, तब लोगों की रजाइयां उतरवाने और उन्हें उघाड़नें की एक योजना बनी थी। उसका नाम था कामराज योजना। पर कोई विशेष सफलता मिली नहीं। उन दिनों जिन लोगों ने आदर्श के बहकावे में आकर रजाई उतार दी थी,उनमें से अधिकांश आज भी ठिठुर ही रहे हैं।

अधिकाशतः ये सारी रजाइयां पांच वर्षों के लिए बांटी जाती हैं और जिन लोगों के हाथों बंटवाई जाती हैं, वे लोग जनता कहलाते हैं। जनता के हाथों रजाई दिलवाना एक औपचारिकता मात्र थी। पहले किसी को एक बार रजाई देकर उससे लौटाने की कोई परंपरा नहीं थी। पर पिछले चुनाव में जनता ने अपने काम को कुछ अतिरिक्त गंभीरता से स्वीकार किया और कुछ पुराने लोगों की रजाइयां छीन लीं और नए लोगों को दे दीं। बहुत दिनों से रजाइयों में ढंके-छिपे लेग उघड़ गए और सड़क पर बैठे कड़ाके की सर्दी मे ठिठुरने लगे। जनता को भी पता नहीं क्या सूझती है।

इन्हीं दिनों यह भी देखा गया कि लोगों ने जनता से रजाइयां लेने के बाद रैन-बसेरे बदलने शुरू कर दिए। जिन रैन-बसेरे वालों ने उन्हें रजाइयां दिलवाई थीं, उन्हें इससे बड़ा कष्ट हुआ। काफी झगड़ा-बगड़ा हुआ और जनता को पांच वर्षो से पहले ही फिर से रजाइयां बांटने का काम करना पड़ा। अब वे लोग रजाइयां लेकर फिर दुबक जाएंगे।

कहते हैं कि एक शास्त्री जी ने प्रधानमंत्री बनने पर रजाई से बाहर निकलकर, इस ठंड में भी देश का रोना सुनने का प्रयत्न किया था, पर परिणाम यह हुआ कि देश को उनके लिए भी रोना पड़ा। मैंने निष्कर्ष यह निकाला है कि जो भी रजाई से बाहर निकलेगा, देश उसके लिए रोएगा और उसके नाम की रजाई ओढ़कर दूसरे लाभ उठाएंगे।

नाम रजाई एक अलग तरह की रजाई होती है। इसमें सारी रजाइयों से अधिक गर्मी होती है और यह है भी बहुत पुरानी। तुलसीदास गंगा-किनारे की ठंड में लंगोटी

बांधे, इसी नाम-रजाई के कारण बचे रहे थे। वह बड़े समझदार आदमी थे एक ओर ठंड मे रहकर ब्रह्मज्ञान प्राप्त कर लिया और दूसरी ओर राम-नाम की रजाई ओढ़े, रजाई का लाभ भी उठा लिया।

सारे संतों ने नाम की रजाई ओढ़ी थी, पर कहते उसे वे चदरिया ही थे। कबीर ने अपनी सफाई देते हुए कहा था, 'दास कबीर जतन तें ओढ़ी ज्यों की त्यों धर दीन्ही चदरिया।' मुझे लगता है कि तब ठंड बहुत थी और सारे संत ठंड से परेशान होकर कार्पोरेशन के रैन-बसेरे में रात काटते थे। वहां उन्हें ओढ़ने को रजाई मिलती थी और सारे संत उसमें से रूई नोचकर वैसे ही ले जाते थे, जैसे बसों की सीटों में से बच्चे स्पंज लिकालकर ले जाते हैं। कबीर ने इसी सिलसिले में अपनी चदरिया रखते हुए रैन-बसेरे के केयर-टेकर को जताया था कि उन्होंने अपरी चदरिया में से कुछ नहीं नोचा है।

उसी नाम रजाई की परंपरा अभी तक इस देश मे चली आ रही है। कई बार विभिन्न स्तरों के मंत्री घोषणा करते हैं कि उन्होंने अपने पद का अनुचित लाभ उठाकर अपने पुत्रों को कोई लाभ नहीं पहुंचाया है। उनकी बात गलत नहीं है। वे लोग अपने पुत्रों को कोई लाभ नहीं पहुंचाते, पर उनके सुपुत्र ही उनके नाम की रजाई ओढ़कर लाभ उठा लेते हैं। और किसी भी व्यक्ति से उसके बाप के नाम की रजाई कौन छीन सकता है भला। बाप का नाम तो हाईस्कूल के सर्टिफिकेट पर भी लिखवाना पड़ता है और अदालत में भी। भला बाप के नाम की रजाई छोड़कर कोई यतीम बनना क्यों पसंद करेगा?

बाप के नाम की रजाई तो फिर भी गनीमत है, कुछ लोग (बेचारे!) अपने ही नाम की रजाई ओढ़ने को बाध्य हो जाते हैं। बड़े-बड़े विद्वान, डॉक्टर, इंजीनियर, दार्शनिक और लेखक लोग अपने ही नाम की रजाई ओढ़कर आलोचना के ठंडे झोंकों से बचते रहते हैं। सराकारी क्षेत्रों में अपने ही नाम की रजाई को पेंशन कहा जाता है।

पर अब लोग केवल रजाइयों से ही संतुष्ट नहीं हैं। नाप-तोल आरंभ हो गया है। यह भी देखा जाता है कि किस रजाई में रूई अधिक पड़ी है। हल्की रजाइयों वाले जब रजाई नहीं बदल सकते तो सारी रजाइयों में से थोड़ी-थोड़ी रूई नोचने लगते हैं। मुझे भय है कि कहीं इससे रूई का दाम न बढ़ जाए। रूई की मांग बढ़ी, दाम बढ़ा तो सारी रूई काले बाजार में जा मुंह छिपाएगी। न खुले बाजार में रूई बिकेगी, न सूत कतेगा और न कपड़ा बुना जाएगा। ऐसी हालत में हर आदमी नग्न हो जाएगा-रजाई के बाहर वाला भी और रजाई में लिपटा हुआ भी।

□□□

डाकूजी का आगमन

आखिर एक रात को डाकूजी मेरे घर आए।

मैं बहुत खुश हुआ। बात यह थी कि मैंने पिछले सप्ताह तीन-चार फिल्मों में डाकुओं को देखा था और इस निष्कर्ष पर पहुचा था कि डाकू वह होता है जिसे समाज सताता है। डाकू बड़ा ईमानदार तथा दयालु व्यक्ति होता है। वह मुसीबत में पड़े हुए आदमी की सहायता करता है। किसी के घर में कोई बीमार पड़ा हो और उसके बचने की कोई आशा न बची हो तो डाकू कहीं-न-कहीं से कोई डॉक्टर, वैद्य, हकीम पकड़ लाता है। फिर डाकू पिस्तौल से धमकाकर उससे मरीज को दवाई दिलवाता है और उस दवाई से वह मरीज हमेशा ठीक हो जाता है और उसके घर वाल डाकू के चरणों पर गिर जाते हैं।

मुझे लगता है कि हमारे पड़ोस के वैद्यजी की सफलता के पीछे यही राज है। उन्हें जरूर ही कभी कोई डाकू उठाकर ले गया होगा और पिस्तौल से धमकाकर उनसे किसी मरीज को दवाई दिलवाई होगी। तभी से वैद्यजी की दवा से मरे हुए लोग भी जी उठते हैं। जिस वैद्य को एक बार कोई डाकू उठाकर ले जाता है, वह फिर धन्वंतरी से कम नहीं रहता। चौक के परले सिरे वाले हकीम जी भेद की इस बात को नहीं जानते, इसलिए उनके यहां कोई आपनी छींक का इलाज कराने भी नहीं जाता। रोज प्रभु से प्रार्थना करता हूं कि उन हकीम जी के घर भी कोई डाकू भेजो, पर भगवान की मूर्ति ने न कभी आशीर्वाद का फूल गिराया, न मेरी प्रार्थना से उनका आसन ही डोला। अब सोचा है कि हिंदी सिने-जगत् की किसी हीरोइन से मिलकर यह भी पता लगाऊंगा कि उनकी एक ही प्रार्थना से कैसे भगवान का नरवस ब्रेक-डाउन होने लगता है? या फिर किसी डायरेक्टर से पूछ लूंगा।

किसी आदमी पर किसी दुष्ट महाजन का बहुत कर्ज चढ़ा हो और वह भला आदमी कर्ज चुका नहीं सकता हो तो (मेरा फिल्मी ज्ञान यह कहता है कि) दो बातें होती हैं: एक तो वह आदमी बीमार होकर अपाहिज-सा हो जाता है: और दूसरे वह

दुष्ट महाजन उस बीमार आदमी की सुंदर और युवती बेटी अथवा पोती से अवश्य विवाह करना चाहेगा। तब भी बहुधा पोती से अवश्य विवाह करना चाहेगा। तब भी बहुधा, वहां कोई-न-कोई (प्रात: स्मरणीय) डाकू आ जाता है और वह उस बीमार को इतना धन दे देता है कि वह उस दुष्ट महाजन के पैसे लौटाकर अपनी युवती, सुंदरी बेटी आवा पोती को महाजन से बचाकर हीरो के हवाले कर देता है।

ये डाकू बड़े बलिदानी वीर होते हैं। मुझे विभिन्न फिल्मों में इन डाकूओं के त्याग और बलिदान के कृत्य देखकर बहुधा भारत-माता के लिए प्राण अर्पण करने वाले शहीद याद आ जाते हैं। कभी-कभी ऐसा भी होता है कि डाकू के पास इतना पैसा नहीं होता कि वह दुष्ट महाजन के पंजे से नायिका को छुड़ा सके। ऐसे अवसर पर डाकू पुलिस के सामने आत्मसमर्पण क़र देता है और अपने पकड़वाने का इनाम हीरोइन के बाप को दिलवाकर, उसे दुष्ट महाजन के पंजे से छुड़वा लेता है।

निष्कर्ष यह है कि वह महाजन के पंजे से नायिका को अवश्य बचा लेता है। इस निष्कर्ष का मेरे जीवन में बहुत महत्त्व है। मैं बहुत सारे महाजनों के पंजे में फंसा हुआ हूं। पर बहुत चाहने पर भी कोई डाकू मुझे बचाने नहीं आया। उसमें दोष डाकू का नहीं। दोष मेरा ही है। बात यह है कि न तो मै नायिका हूं, न मेरी बेटी नायिका है। इसलिए न ता किसी महाजन की मुझ पर विवाहमयी दृष्टि है, न कोई डाकू मुझे बचाने आया है।

फिल्म-निर्माताओं और निर्देशकों से मेरी कर-बद्ध प्रार्थना है कि वे कुछ ऐसे डाकू भी पैदा करें, जो लेखक-किस्म के (पुरुष) लोगों से भी सहानुभुति रखते हों। मेरे पास बहुत सारे दुष्ट लोगों की शिकायतें हैं। जब कोई डाकू मेरे घर आएगा, मैं अपनी सारी शिकायतें उसके सामने रखूंगा।

कुल मिलाकर (फिल्मों ने मुझे बताया है कि) डाकू सर्वगुण संपन्न पूज्य व्यक्ति होता है, अत: मेरे मन में डाकुओं के प्रति बहुत श्रद्धा है। मैं मन-ही-मन भी उन्हें डाकूजी कहकर याद करता हूं। मुगल सम्राट शाहजहां के मन में जितनी तीव्र इच्छा अपनी प्रेमिका के मकबरे के रूप में ताजमहल बनवाने की थी, उतनी ही तीव्र इच्छा मेरे मन में यह है कि ये सारे ईमानदार फिल्मी डाकू इस देश के मंत्री बना दिए जाएं। पर पता नहीं भगवान को मुझसे क्या शत्रुता है कि मेरी कोई भी इच्छा वह पूरी नहीं करता, उल्टे उसका विरोधी कार्य कर डालता है। मैं कहता हूं कि डाकुओं को मंत्री बनाओ, तो वह प्रत्येक मंत्री को डाकू बनाता जा रहा है। कैसा प्रतिगामी है वह!

□□

खैर, एक दिन डाकूजी मेरे घर पधारे। मैं बड़ा प्रसन्न हुआ। सोचा, आज मेरे भी भाग्य जगे। मैंने डाकूजी का बहुत स्वागत किया, उन्हें आदर के साथ बैठाया और चाय-पानी पूछा।

डाकूजी बोले, ''तुम्हारे पास क्या है?''

मैं बोला, "डाकूजी महाराज! मेरे पास बहुत कुछ है।"

''बताओ, क्या-क्या है?" डाकूजी ने मुझे डांटा।

मैं डांट से दुःखी नहीं हुआ। मैंने कितनी ही पिक्चरों में देखा था कि डाकूजी ऐसे ही डांटकर बोलते थे, पर उनके मन में सदा ही दया रहती थी। मैं यह जानता था कि डाकू और मंत्री का स्वभाव उल्टा होता है मंत्री मीठा बोलता है, पर उसके मन में दया नहीं होती । इसलिए डाकू जी के डांटने पर बहुत प्रसन्न हुआ।

मैं बोला, "डाकूजी! मेरे पास राशन वाले, दूध वाले और मकान वाले के बिल हैं, उनकी घुड़कियां, धमकियां और गालियां हैं। और मेरे पास अपने प्रकाशकों और अनेक संपादकों के विरुद्ध शिकायतें हैं। आपके सामने क्या-क्या पेश करूं?"

डाकूजी अपनी जगह से उठकर मेरे पास आए। मैंने सोचा, कोई रुपया-पैसा देना होगा, इसलिए पास आए हैं। मैं खुश हो गया। मैंने भोले, फिल्मी हीरो के अंदाज में मुस्कराकर आंखें झुका लीं।

डाकूजी ने घूरकर मुझे देखा और कसकर एक घूंसा मेरी नाक पर रसीद किया। फिल्मों में यह घूंसा दुष्ट महाजन की नाक पर पड़ता है। वहां डाकूजी से गलती हो गई। (दुनिया में गलती किससे नहीं होती?)

"डाकूजी! मैं महाजन नहीं हूं।" मैंने धीरे से, अपने चेहरे पर से खून पोंछकर कहा, "आप मुझसे नाराज क्यों हैं?"

"साले! आदमी की तरह बात करो, फिल्मी डायलाग क्यों बोलते हो?" डाकूजी डपटकर बोले।

मेरे मन में दूसरी बात आई। मैं समझ गया कि यह डाकू दूसरी तरह का है। मेरे मन में उसके प्रति सहानुभुति खत्म हो गई। कभी-कभी फिल्मों में भी दुष्ट डाकू आ जाते हैं। मैंने सोचा-तब क्या होता है?

तब? .... और मेरा ध्यान अपने नौकर पर केंद्रित हो गया। मेरे फिल्मी मनोविज्ञान के अनुसार, अब मेरे नौकर को घर से गायब हो जाना चाहिए था और पुलिस को लेकर उस समय घर पहुंचना चाहिए था, जिस समय डाकू मुझे गोली मारने वाला हो।

मैंने इधर-उधर नजर डाली। नौकर सचमुच ही वहां नहीं था। वह लापता था। ठीक है- वह पुलिस स्टेशन गया होगा। अभी पुलिस की जीपें आ जाएंगी, यह डाकू का बच्चा बचकर कहां जाएगा?

डाकू ने पूछा, "तुम एकदम ही कंगाल हो क्या?"

"नहीं" मैं अकड़कर बोला, मैं विद्या और ज्ञान के धन से मालामाल हूं। मेरे घर के सारे बक्से पुस्तकों और फाइलों से भरे पड़े हैं।"

"उन्हें संभालकर रखो।" डाकू भेद-भरे स्वर में बोला, "वह सब कुछ तुम्हारी चिता जलाने के काम आएगा।" और डाकू ने मुझे एक थप्पड़ और जमा दिया।

मैं डाकू से तंग आ गया। अब बस मुझे अपने नौकर का ही सहारा था, जो पुलिस को सूचना देने गया हुआ था। यदि मैं किसी नायक के समान कोई सुंदर भजन गा सकता तो मुझे भगवान का भी भरोसा होता, पर मुझे गाना नहीं आता। किसी पार्श्व-गायक का प्रबंध भी मैंने तब तक नहीं किया था, इसलिए भगवान का भरोसा मुझे एकदम ही नहीं था।

भगवान मुझे मध्य युग का कोई घटिया रुचि का संगीतकार मालूम होता है, जो सिर्फ फिल्मी गीतों पर पिघलता है। उसे शास्त्रीय गीत भी अच्छे नहीं लगते, नई कविता भी पसंद नहीं आती और गद्य में कही गई बात तो वह समझता ही नहीं है। मुझे लगता है कि यदि ऐसा ही अवसर आ पड़े तो रेडियो का विविध भारती या जयमाला कार्यक्रम लगाकर ही उससे कोई चीज मांगनी चाहिए। जब से हमारे देश के रेडियो में विज्ञापन कार्यक्रम आने लगा है, बहुत सारे लोग उससे बोर हो गए हैं, पर न आकाश पर रहने वाला भगवान बोर हुआ है और न इस देश के भाग्य-विधाता।

जब डाकू मुझे कुछ करने की ही सोच रहे थे, तभी मेरा नौकर वहां आया; बल्कि लाया गया। डाकू के एक साथी ने उसे जाकर फर्श पर डाल दिया। वह साला डर से बेहोश हो गया था। भगवान का सहारा पहले ही नहीं था, अब नौकर का सहारा भी नहीं रहा। और यह डाकू जो मेरे सामने खड़ा था, मैं बड़ा दुःखी हुआ, बल्कि हताश हुआ। मुझे लगा कि मैं डर गया हूं। मेरा सिर चकरा रहा था। शायद मैं भी बेहोश होने वाला था।

❑❑❑

नए ब्रह्म की शरण में

उन्होंने बताया था कि हम लोगों में हीरो-वर्शिप की आदत बहुत है। और हमारे हीरो हैं राणा प्रताप, शिवाजी, भगत सिंह, खुदीराम बोस, जवाहरलाल नेहरू और महात्मा गांधी। मैंने उनकी बात मान ली और इन लोगों को अपना हीरो मानकर उनकी पूजा आरंभ कर दी। पर इसने बताया कि हीरो वह होता है, जिससे हीरोइन प्यार करती है, जो गाना बहुत बढ़िया गाता है, नाचता भी है और जब कभी गुंडों को मार-मारकर उनका बुरा हाल कर देता है। थोड़ी देर तक मैं चकराया। हीरो की पहली और दूसरी परिभाषा में बहुत अंतर था। उनके बताए हुए सारे ही हीरो हारे थे, पिटे थे, जेल में बंद हुए थे और किसी हीरोइन ने उनसे कभी प्यार नहीं किय था। उनकी पत्नियों ने अवश्य उनसे प्यार किया था। पर पत्नियों का प्यार भी कोई प्यार होता है? न गाना, न बजाना और न पेड़ों के चारों ओर दौड़ते-दौड़ते बेदम हो जाना। अंत में सोचा, उन्होंने जो कुछ बताया था वह गलत था, क्योंकि वे मास्टरजी थे, जो सब कुछ गलत बताया करते थे और इसने जो कुछ बताया था, वह ठीक था, क्योंकि फिल्मों की बातें अधिक सही होती हैं। आखिर तो मास्टरजी भी फिल्में देखकर ही ज्ञान प्राप्त करते हैं।

पर मास्टरजी की एक बात बहुत ठीक थी कि हम लोगों में हीरो-वर्शिप बहुत है। मुझमें भी है। मैं भी हीरा बनना चाहता हूं। वैसे तो मुझे हीरो लोगों की हर बात पसंद है, पर सबसे अच्छी बात मुझे यह लगती है कि वे लोग किसी से पिटते नहीं। मुझे पूरा विश्वास है कि हमारी ढेरों फिल्मों के ढेरों हीरो लोगों में से आधे लोगों को चीन से लड़ने के लिए सीमा पर भेज दिया जाता तो वे लोग कभी नहीं पिटते। तब भी विजय हमारी ही होती, जैसे पाकिस्तान के साथ युद्ध में हुई। मुझे तो यह भी लगता है कि पाकिस्तान से हम लोग इसीलिए नहीं पिटे, क्योंकि हमने सैनिक वेश में अपने बहुत सारे हीरो सीमा पर लड़ने के लिए भेज दिए थे।

मुझमें विश्लेषण की बहुत बुरी आदत है। जो कुछ भी होता है उसे देखकर सोचने लगता हूं कि आखिर ऐसा क्यों होता है। अपने इस विश्लेषण के आधार पर

मैंने कुछ निष्कर्ष भी निकाले हैं और उन्हें काफी संभालकर भी मैंने रखा है। जनता को निरख- परखकर मैंने यह देखा है कि चौड़ी छाती, कठोर भुजदंड और गठी हुई पेशियों वाला शरीर किसी से नहीं पिटता। उसको वही पीट सकता है जो इन बातों में उससे कुछ बढ़-चढकर ही हो।

पर फिल्मी हीरो मुझे फिर चक्कर में डाल देते हैं। वे तो बहुधा बड़े कोमल लोग होते हैं, पर एक-एक घूंसे में तीन-तीन गुंडों को उल्टा कर देते हैं। इससे मैंने और भी निष्कर्ष निकाले हैं। गुंडा वह होता है, जो देखने में बहुत तगड़ा और भयंकर हो और हीरो के एक मुक्के से ही धराशायी होने को तैयार हो। हीरो वह है जो मरने भी लगे तो ऐन समय पर कोई-न-कोई पहुंचकर उसे बचा ले और तब गुंडों को खूब पीटे। भगवान राम के छोटे भाई लक्ष्मण भी इस अर्थ में हीरो थे। मेघनाद के शक्ति-प्रहार के बाद, वैद्य ने उन्हें मरते-मरते भी बचा लिया था और उसके बाद लक्ष्मण ने तबाही मचा दी थी।

मुझे लगता है कि हमारे धार्मिक हीरो और फिल्मी हीरो में बहुत समानता है, राष्टीय हीरो उनका उल्टा होता है। राम और कृष्ण देखने में वैसे ही कोमल थे, जैसे फिल्मी हीरो होते हैं। उनके शरीर पर एक भी कठोर रेखा दिखाई नहीं देती। पर वे कभी किसी से नहीं पिटे। गुंडे तो गुंडे, बड़े-बड़े राक्षस भी उनके सामने चीं बोल गए। एक-एक वार में असंख्य दोषपूर्ण राकेट के समान भरभराकर गिर पड़े। फिर सीता और राधा नामक हीरोइनों ने उनसे प्यार भी किया। और भी स्त्रियों ने किया-बहुत सी स्त्रियों ने किया; बल्कि जिस-जिसने उन्हें देखा, उसी ने प्यार किया- बिलकुल पिक्चरों के समान।

पर कहते हैं कि उनकी बात और है। ब्रह्म नाम की एक बहुत बड़ी शक्ति इस संसार के ऊपर है। उसकी इच्छा के बिना पत्ता भी नहीं हिलता। वह शक्ति दिन-भर अपनी इच्छा पेड़ों के पत्ते हिलाने में खर्च करती रहती है। और पत्ते हिलाने के पश्चात् उसके पास और कुछ भी करने के लिए शक्ति नहीं बचती। तब सब कुछ उसकी इच्छा के बिना ही होता रहता है। पत्ता तो ब्रह्म की इच्छा से हिलता है, पर राष्ट्रों का भाग्य उसकी इच्छा के बिना ही बनता-बिगड़ता रहता है। राम और कृष्ण उसी शक्ति के अवतार थे और उनके पास ब्रह्म की दी हुई शक्ति थी। ब्रह्म ने सारे राक्षसों को समझा-बुझाकर पैदा किया था कि राम और कृष्ण के हाथों उन्हें जरूर पिटना है। साथ ही ब्रह्म ने धमकी दी थी कि यदि वे लोग राम और कृष्ण से नहीं पिटे तो वे अपने हाथों राक्षसों का भुरकस बना देंगे और उन्हें मोक्ष भी नहीं देंगे। इसीलिए वैसा सब कुछ हुआ।

पर आजकल ब्रह्म ने अवतार भेजने बंद कर दिए हैं। मुझे लगता है कि उसने अपनी सारी शक्ति फिल्मी डायरेक्टरों में हस्तांतरित कर दी है। उसी शक्ति के आधार पर डायरेक्टर लोग हीरो को वर देते हैं कि हीरोइन उसी से प्यार करेगी और वह तीन घंटे की फिल्म में किसी से नहीं पिटेगा। डायरेक्टर गुंडों को समझा देता है कि यदि हीरो के हाथों उन्होंने पिटने से इनकार किया तो उन्हें पिक्चर के पैसे नहीं मिलेंगे और अगली फिल्म में उन्हें लिया भी नहीं जाएगा।

मेरे मन में डायरेक्टरों के लिए बहुत श्रद्धा है। श्रद्धा तो वैसे ब्रह्म के लिए ही थी पर जब से ब्रह्म की शक्ति डायरेक्टरों में हस्तांतरित हो गई है। मैं ब्रह्म केस खोजने के लिए कहां टक्करें मारता फिरूंगा। डायरेक्टरों के पते तो मुझे मालूम हैं-सारे-के-सारे। जब कभी मेरी श्रद्धा फल लाएगी, तब कोई डायरेक्टर अपनी फिल्मी शक्ति से मुझे हीरोइन का प्यार पाने वाला और तीन घंटों में एक बार भी न पिटने वाला हीरा बना देगा।

पर विद्रोह तो प्रकृति की विशेषता है कितने ही राक्षसों ने सर्वशक्तिमान ब्रह्म के विरुद्ध विद्रोह किया था। ब्रह्म ने अपने विभिन्न अवतारों के हाथों उन्हें मरवा दिया और उन स्थलों पर अपनी कीर्ति के मंदिर बनवा दिए। पर विद्रोह के समय ब्रह्म बेचारा भी कुछ नहीं कर सकता; बाद में मर्जी चाहे जो एक्शन ले ले। मुझे जगता है कि ब्रह्म नाटक के डायरेक्टर के सामान है, जिसके पास स्टेज पर अपनी आज्ञा का पालन करवाने की कोई शक्ति नहीं है। यदि कोई दुष्टात्मा स्टेज पर हीरो से पिटने से इनकार कर दे तो डायरेक्टर कुछ भी नहीं कर सकता। बाद में चाहे जो कुछ करता रहे। वैसे ही, जैसे संसद भवन में किसी दल का कोई सदस्य अपने नेताओं के विरुद्ध जो आरोप चाहे लगा दे, उसे वहां नहीं रोका जा सकता। बाद में डिसिप्लिनरी एक्शन जो चाहे लिया जाए।

किंतु, फिल्म का डायरेक्टर इन सब लोगों से महान् है। उसकी इच्छा के विरोध कोई नहीं कर सकता। यदि कोई दुष्ट हीरो से पिटने से इनकार कर दे या डायरेक्टर की इच्छा के विरुद्ध हीरोइन से अधिक प्यार करने लगे तो डायरेक्टर तुरंत 'कट' के नारे से उस विद्रोह को शांत कर देगा। इससे भी बड़ी बात है कि यदि डायरेक्टर चाहता है कि हीरो का मुक्का दुष्ट के कान पर लगाकर उसकी नाक से खून निकाल दे तो भी वैसा ही होगा। डायरेक्टर वह ब्रह्म है, जिसकी इच्छा का पालन दुष्ट की रगों में बहुता हुआ रक्त भी करता है-यदि न करे तो इंद्र के वज्र के समान डायरेक्टर का प्रहार होगा-'कट'

मैं अब तक मान चुका हूं कि सबसे बड़ा ब्रह्म है फिल्म का डायरेक्टर। उसकी इच्छा के विरुद्ध कुछ भी नहीं होता। एक उसी का हीरो है, जो कभी नहीं पिटता

और उसके विरुद्ध भी नहीं होता। इसलिए मैं भी इस ब्रह्म की शरण में पड़ा हूं, ताकि बनूं तो ऐसा हीरो बनूं जो किसी से कभी न पिटे और हीरोइन अपने बाप की इच्छा के विरुद्ध प्यार करे तो उसी से करे।

❑❑❑

रुस्तम के बाद

मैं अफसर हूं और वह मुझसे बड़े अफसर का चपरासी। हम दोनों में झगड़ा कभी नहीं हुआ पर एक तनाव-सा सदा ही चलता रहा है। तनाव का कारण कोई विशेष नहीं है। मैं यह समझता हूं कि मैं अफसर हूं और वह चपरासी इसलिए मैं बड़ा हूं। पर लगता यह है कि वह यह मानने को तैयार नहीं है। मैं उसको केवल चपरासी मानता हूं और वह स्वयं को बड़े अफसर का चपरासी होने के बावजूद भी वह अपने आपको मुझसे बड़ा समझता है, जैसे पेड़ पर लटकी खजूर, पेड़ के नीचे बैठे ऊंट से अपने आपको बड़ा मानती है। ठीक है, वह स्वयं छोटी-सी चीज है, पर जिसके साथ वह लटक रही है, वह चीज तो ऊंट से ऊची है और उस तक पहुंचने के लिए ऊंट को खजूर के पेड़ पर चढ़ना पड़ेगा, जो वह कर नहीं सकता।

वैसे ही वह चपरासी मुझसे ऊंचे अफसर के साथ लटक रहा है और उस तक हाथ पहुंचाने के लिए मुझे उस अफसर की सहायता लेती पड़ेगी, जो शयद उपलब्ध न हो सके। और इसी कारण वह मुझसे तना रहता है और मेरा खून खौल-खौलकर भाप बनता रहता है। मैं स्वयं को ऊंट की हालत में देखने को तैयार नहीं हूं। कभी-कभी तो मुझे यह भी लगता है कि वह मुझे सचमुच का ही ऊंट समझता है।

उस दिन मैं बड़े अफसर के कमरे में जाने जगा तो उसने मेरे रास्ते में टांग अड़ाकर मुझे रोक दिया। मुझे बड़ा गुस्सा आया। एक चपरासी मुझ जैसे अफसर को इस प्रकार रोक दे कितनी बुरी बात है मैं अपमान की आग में जल उठा। पर उस जलने से मेरा एक भ्रम दूर हो गया। मुझे पहली बार यह पता चला कि अपमान या क्रोध की आग से दूसरे को कोई हानि नहीं होती। इससे तो मनुष्य स्वयं ही जलता है, जैसे भूख की आग में स्वयं ही जलता है। इसलिए आग कोई ऐसा हथियार नहीं है, जिस पर बहुत भरोसा किया जा सके। पहले मैं आग को क्रांतिकारियों का एक हथियार समझता था। और क्रांतिकारी मैं केवल उनको ही मानता हूं जो दूसरों का हानि पहुंचा सकें, स्वयं को हानि पहुंचाने वाला व्यक्ति क्रांतिकारी कैसे कहला सकता है। तो खून और आग से खेलने वाले लोगों के बारे में मेरी धारणा एकदम बदल

गई। मैं उन्हें जो समझता था, असल में वे लोग शायद वह नहीं थे मरता सिपाही अपने खून से खेलता है और भूखा आदमी अपने पेट की आग से। मैंने उसी दिन यह निर्णय किया कि अब से कभी भी मैं न खून से खेलूंगा और न आग से। इस निर्णय के साथ-साथ मेरे मन की एक ग्लानि भी गलकर समाप्त हो गई। मैं बहुधा यह सोचा करता था कि कितनी लज्जा की बात है कि मैं कुछ और पहले पैदा होकर भारत की स्वतंत्रता के लिए खून और आग से नहीं खेल सका। अब समझता हूं कि मैं भी मैं पहले पैदा हो गया होता तो देश के लिए अवश्य ही कुछ-न-कुछ करता और आज मैं भी और क्रांतिकारियों के समान परेशान होकर खून और आग से खेल रहा होता । अच्छा हुआ, देर से पैदा हुआ। देर आयद, दुरूस्त आयद। जल्दी का काम शैतान का।

तो अपमान की आग को बुझाकर मैंने जोर लगाया कि देखूं वह चपरासी मुझे कैसे रोक लेगा। पर उसने मेरा हाथ पकड़कर मुझे एक ओर धकेल दिया। अब तो मैं सारी ज्वालाओं में एक साथ जल उठा। एक चपरासी और मुझ जैसे अफसर को पकड़कर धक्का दे दे। मैंने उसे कसकर डांटा। पर वह मेरी कसी हुई डांट से कसा-कसाया नहीं। उलटे डपटकर बोला, 'जब मैं आपको भीतर जाने से मना कर रहा हूं तो आप भीतर जाने का साहस कैसे कर सकते हैं?''

उसने भरे दफ्तर के बरामदे में अनेक लोगों के सामने मेरी इज्जत उतारकर रख दी थी । मैं ठहरा इज्जतदार आदमी। जीवन में मेरे पास अपना कहने को कुछ भी नहीं है। न धन, न दौलत, न जमीन, न जायदाद। एक इज्जत थी सो उसने वह भी उतारकर रख दी। चाय के लिए खौलते हुए पानी के समान मेरा खून खौलकर बुलबुले बनाने लगा।

अब इज्जत बनाने का एक ही उपाय था कि मैं उसे थप्पड़ रसीद कर देता। मैंने अपने शरीर को देखा और फिर उस पर एक नजर डाली। वह मुझसे बहुत अधिक तगड़ा नहीं था। शारीरिक लड़ाई में शायद मैं उसके बराबर हो पाता। पर मेरे दुर्बल शरीर के साथ अफसरी के रौब की कुछ थोड़ी शक्ति भी जुड़ी हुई थी। उस दृष्टि से मैं सवा सेर हो रहा था। जी में आया, अपनी इज्जत बचाने के लिए एक चांटा तो रसीद कर ही दूं। हमारे पूर्वज अपना सम्मान बचाने के लिए दूसरे के प्राण ले लेते थे, अपने प्राण दे देते थे और मैं हूं कि एक चांटे तक का दान नहीं कर सकता। दान-वीर नाम का एक वीर हमारे शास्त्रों ने स्वीकार किया है। मैं यदि चांटा-दान करूं तो दान वीर की कोटि का वीर हो सकता हूं।

मैं चांटा मारने ही वाला था कि मेरा एक साथी मुझे जबर्दस्ती वहां से घसीटकर ले गया।

मैंने कहा, ''नहीं, मुझे मारने दो। मेरा सम्मान आहत हुआ है।''

''सुनो !' उसने मुझे डांटा, दुनिया में दो प्रकार के लोग हैं, एक सम्मानित दूसरे असम्मानित। जब भी कहीं झगड़ा होता है, असम्मानित लोगों का कुछ नहीं बिगड़ता और सम्मानित लोगों का सम्मान अवश्य ही आहत होता है।''

''कैसे'' मैं अपनी शराफत के रौब में उससे शास्त्रीय बहस में उलझ गया।

"देखो।" उसने कहा, "अपना ही उदाहरण लो। तुम दोनों में जो बात हुई उसमें तुम उससे कुछ न कहो तो कौन अपमानित होगा?"

"मैं।" मैंने कहा।

"अब यदि तुम उसे डांटो और वह आगे से जवाब देने लगे तो कौन अपमानित होगा?" उसने पूछा।

"मैं।" मैंने उत्तर दिया।

"अब तुम यदि उसे मार बैठो और वह कुछ कहे तो लोग कहेंगे कि तुमने एक चपरासी पर हाथ उठाया। तब किसका सम्मान घटेगा?"

"मेरा।" मैंने फिर कहा।

"और यदि तुम्हारे दो-चार चांटों के उत्तर में वह तुम्हें एक भी चांटा मार जाए तो कौन अपमानित होगा?" उसने फिर पुछा।

"मैं।" मेरा उत्तर था।

"तो उस्ताद!" मेरा मित्र अपने निष्कर्ष पर पहुंचा, "प्रत्येक अवस्था में अपमानित तुम्हें ही होना है। फिर अपमानित होने से क्यों घबराते हो? सम्माान इसीलिए होता है कि आदमी अपमानित हो।"

मैं उसकी बात मान गया, क्योंकि मेरे पास उसकी बात का कोई उत्तर नहीं था, पर फिर भी बात मेरे गले नहीं उतरी। मैंने चपरासी से लड़ाई करने जैसा घटिया काम करने का बीड़ा उठाया और एक के बाद एक बड़े अफसर के पास शिकायत कर उसे सस्पेंड करवा दिया।

सस्पेंड होने के बाद पेड़ से लटकी खजूर ऊंट के पैरों के पास गिरी अर्थात् वह चपरासी मेरे पास आया।

"सरकार! आप बड़े आदमी हैं।" उसने रोकर कहा, "हम छोटे आदमी हैं। पर मुझे सस्पेंड करवा कर क्या और बड़े हो जाएंगे?"

उसकी बात से मेरे भीतर ग्लानि जागी। हाय! मैंने क्या कर दिया। यदि अपनी शक्ति का प्रयोग ही करना था तो किसी सबल व्यक्ति पर किया होता। अब मुझे लगा,

मैं अपमानित भी हुआ और मूर्ख भी बना। मैंने गलत काम किया। हाय! मैं कितना बुरा हूं।

"मैं आपके बच्चे के समान हूं।" उसने कहा, "आप मुझे क्षमा कर देते तो आपका सम्मान मेरे मन में कितना बढ़ जाता।"

मैं सोच रहा था कि यदि उसे मैं सस्पेंड न करवा पाया तो मैं कितना अपमानित होऊंगा। अब मुझे लगा कि उसे सस्पेंड करवाकर मैंने उसके मन में अपना सम्मान कम करवा लिया है। यानी मैं फिर अपमानित हुआ हूं।

फिर उसकी दूसरी बात भी कितनी सही थी। मैं पहली श्रेणी का मूर्ख हूं। समय पर मैं कोई भी सही बात नहीं सोच पाता। वह ठीक कहता है। वह मेरा अपना बच्चा है जो व्यवहार उसने मेरे साथ किया है, वैसा अपमानजनक व्यवहार केवल संतान ही अपने मां-बाप के साथ कर सकती है। देखो मेरी भी बुद्धि! वह जब मेरे साथ अपने पिता का-सा व्यवहार कर रहा था, मैं उसे पिता का प्यार न दे सका और उल्टे उसे दंड दिलवा आया। सभ्य संसार के इतिहास मे रुस्तम के बाद मेरे ही जीवन में इतनी बड़ी ट्रेजेडी हुई है। रुस्तम ने अपने हाथों अपने पुत्र की हत्या की थी और मैंने अपने हाथों अपने बच्चे को सस्पेंड कराया। हाय री क्रूर भाग्य-लिपि!

मेरे भीतर कहीं से सूरदास आ बैठे और गा-गाकर वात्सल्य रस के सागर उत्पन्न करने लगे। मैं अपने बच्चे को फिर से बहाल करने के लिए बेचैन हो उठा। मैंने उसे अपनी छाती से लगा लिया। हाय मेरे बच्चे! मैंने यह क्या किया?

❑❑❑

उसका ऑपरेशन

उसकी पत्नी लौटी तो बहुत उत्तेजित थी। उसकी उत्तेजना कुछ विरोधी भावों का ऐसा सम्मिश्रण थी कि वह स्वयं भी नहीं जानती थी कि उसके भीतर क्या-क्या घटा है और क्या-क्या घट रहा है। वह अपनी पत्नी के चेहरे से जो कुछ जान सका वह इतना ही था कि वह कुछ प्रसन्न भी थी, जैसे कोई बला टल गई हो। वह क्षुब्ध भी थी, जैसे सोच रही हो कि ऐसा आखिर क्यों हुआ। और शाक्ड तो वह थी ही।

पत्नी को देखकर वह भी कुछ उत्सुक हो उठा था, जानने के लिए कि आखिर बात क्या है। कुछ-न-कुछ हुआ था और जो कुछ भी हुआ था, वह महत्वपूर्ण अवश्य था। पर वह यह नहीं जानता था कि उसकी पत्नी उसे कुछ बताना पसंद करेगी कि नहीं।

पर उसकी पत्नी स्वयं इतनी उत्तेजित थी कि वह किसी-न-किसी को कुछ बताना चाहती थी। और कुछ बताने के लिए अपने पति से अधिक उपयुक्त कोई और कैसे हो सकता है!

बिना एक भी क्षण रुके, उसकी पत्नी ने बताया, " भाभी का मिसकैरेज नहीं हुआ था। वह जान-बूझकर कराया गया एबॉर्शन था। और एबॉर्शन इसलिए कराया गया था, क्योंकि भैया और भाभी में बन नहीं रही थी। इस अनबन की स्थिति में किसी भी समय उनका तलाक हो सकता था। ऐसी अवस्था में वह लोग नहीं चाहते थे कि उनकी संतान हो और उनके संभावित तलाक के बाद कष्ट उठाए।"

बात वस्तुतः गंभीर थी। उसकी पत्नी का शाक्ड होना उचित भी था। वह थोड़ी-सी प्रसन्न यह सोचकर भी थी कि उसकी भाभी को एबॉर्शन में कोई विशेष कष्ट नहीं हुआ था और सब कुछ सफलतापूर्वक हो गया था।

वह इस सारी अवधि में चुप रहा था। और अब शायद उसकी पत्नी चाहती थी कि वह कुछ बोले, पर क्या बोले? उसके मन में स्थिति स्पष्ट नहीं थी कि इस सारी घटना को वह किस रूप में स्वीकार कर रहा है।

उसे मौन देखकर पत्नी बोली, "आप किसी को इस विषय में बताइएगा नहीं।"

उसे थोड़ा-सा क्रोध आया, हल्का-सा जैसे पानी मिले पतले दूध पर मलाई आती है, "तुम मुझे मूर्ख समझती हो क्या कि मैं घर की बातें बाहर कहता फिरूंगा!"

"क्या?" उसने पूछा।

"तुम इस विषय पर कोई कहानी भी नहीं लिखेगे।"

"क्यों?" वह बोला, "कहानी लिखने में क्या है? कहानी से किसी को कुछ भी पता नहीं चलता। मैंने अपने जीवन की गोपनीय से गोपनीय बात पर कहानी लिखी है!"

"फिर भी इस पर कहानी मत लिखना।" पत्नी बोली और अपने काम में लग गई।

उसका ध्यान वास्तविक घटना से हटकर कहानी की ओर चला गया था। सारी-की-सारी घटना काफी रोचक थी। और कितनी नई-सी सिचुएशन थी। एक पति-पत्नी अपनी वैध संतान को नष्ट कर देते हैं, क्योंकि उनके झगड़ों के कारण संभावित तलाक के कारण उस बच्चे को कष्ट उठाना पड़ सकता है। इस प्लॉट पर पहले कहीं भी कोई कहानी उसने नहीं पढ़ी थी। यदि यह कहानी लिखी जाए तो एक मौलिक सिचुएशन की आधुनिक कहानी होगी।

पर उसकी पत्नी ने उसे कहानी लिखने से मना कर दिया था। आज तक ऐसा कभी नहीं हुआ था। उसकी पत्नी ने ऐसे किसी भी बात पर लिखने से कभी मना नहीं किया था। यह सच था कि उसका अपना वैयक्तिक जीवन उसकी कहानियों में खुली पुस्तक के समान पढ़ा जा सकता था पर यह प्लॉट उसकी पत्नी के मायके से संबद्ध था और वह नहीं चाहता था कि उसकी इच्छा के विरुद्ध इस प्लॉट पर कहानी लिखकर वह अपनी पत्नी की नाराजगी आमंत्रित करे।

एक अच्छा प्लॉट नष्ट हो रहा था। उसे दुःख था।

वह काफी देर तक इसी दुःख में चुपचाप टहलता रहा। पर टहलने से क्या होता। और किसी काम में मन नहीं लग रहा था। वह उस शाम काफी जल्दी ही सो गया। और जब सोया तो पूर्णतः स्वस्थ था।

सवेरे जब वह उठा तो उसके पेट में हल्का-हल्का दर्द था। पर बढ़ती हुई महंगाई के समान ही वह उसके मस्तिष्क पर छा गया था। वह अपने पेट के उस हल्के-हल्के दर्द की अवज्ञा नहीं कर पर रहा था। उसने यह भी अनुभव किया कि समय के साथ-साथ दर्द गहराता जा रहा था। दोपहर होते-होते दर्द इतना पीड़ादायक हो गया था कि वह बात तक करने योग्य नही रहा। वह चारपाई पर पड़ा तड़प रहा था।

उसकी पत्नी ने दर्द दूर करने के लिए सारे घरेलू इलाज किए। पर जब हींग-पिलाने के बाद भी उसके दर्द में कोई कमी नहीं आई तो वह पड़ोस से उस डॉक्टर को बुला लाई, जो बीमारी के प्रत्येक अवसर पर उनके घर में सबसे पहले बुलाया जाता था।

डॉक्टर, भक्त द्वारा बुलाए गए देवता की गति से आया था और बहुत जल्दी ही उसने निर्णय ले लिया कि दो-एक इंजेक्शन लगाने के बाद उसे अस्पताल ले जाया जाना चाहिए।

उसकी पत्नी उसे टैक्सी में डालकर सरकारी अस्पताल के केजुएलिटी विभाग में ले गई थी और उस दौरान वह दर्द से तड़पता रहा था। वह पीड़ा से चीखता था और उलट-पलट जाता था। उसका दर्द प्रत्येक क्षण बढ़ता जा रहा था। उसको सांस तक लेना मुश्किल हो गया था।

डॉक्टरों की समझ में कुछ आ रहा था। उनकी राय यही थी कि यदि वह इसी प्रकार तड़पता रहा तो कुछ घंटों से अधिक वह जी नहीं पाएगा। और देश के एक अच्छे, जाने माने कहानीकार को इस प्रकार मरने नहीं दिया जा सकता था। तुरंत ही, विशेष परिस्थितियों में उसका एक्स-रे किया गया था।

एक्स-रे की रिपोर्ट आते-आते उसे ऑपरेशन थिएटर में पहुंचा दिया गया था। एक्स-रे इत्यादि देखकर डॉक्टरों ने कहा था कि उसके पेट मे बहुत बड़ा कोई बाह्य-पदार्थ है, जैसे पथरी इत्यादि। उसका आकार इतना बड़ा था कि डॉक्टर यह नहीं समझ पा रहे थे कि पेट पें इतने बड़े बाह्य-पदार्थ के साथ कोई मनुष्य जीवित कैसे रह सकता है।

अस्पताल के सबसे बड़े सर्जन ने स्वयं उसका ऑपरेशन किया और वह बाह्य-पदार्थ निकालकर उसका पेट फिर से सी दिया। ऑपरेशन पूरी तरह से सफल रहा था। बाह्य-पदार्थ पूरा-का-पूरा निकाल लिया गया था। बाह्य-पदार्थ के कारण उत्पन्न किसी प्रकार का विष भी उसके भीतर नहीं रह गया था। उसका दर्द बाह्य-पदार्थ के साथ ही निकल गया था और वह पीड़ा से मुक्त होकर, बड़े शांत मन से पक्की नींद सो रहा था।

उधर अस्पताल के डिस्कशन-रूम में सभी बड़े-बड़े डॉक्टर मौजूद थे। उनके बीच एक लंबी मेज पड़ी थी और उस मेज पर एक ट्रे में, ऑपरोशन के बाद, उसके पेट से निकाला हुआ बाह्य-पदार्थ पड़ा था। सभी डॉक्टर बहुत गंभीर थे, और ट्रे में पड़े उस बाह्य-पदार्थ को घूरकर निराशा से सिर हिला रहे थे।

वह बाह्य-पदार्थ लचकीला किंतु भारी था। उसमें स्पंज के समान छेद-छेद थे, जिनमें कोई भी तरल पदार्थ भरा जा सकता था। सारे डॉक्टरों ने उसे पूरे ध्यान से

देखा था उसका निरीक्षण यिा था, पर उनमें से एक भी यह समझ नहीं पा रहा था कि वह क्या पदार्थ था?

अंत में वे लोग इस निश्चय पर पहुंचे थे कि वह पदार्थ, रासायनिक क्रियाओं के पश्चात् मरीज के भोज्य-पदार्थ से ही बना हुआ कोई नया पदार्थ था। इसलिए आवश्यक था कि मरीज की पत्नी से यह पता लगाया जाए कि वह इस दर्द से पहले क्या खाता रहा है!

उसकी पत्नी जब आई तो उसे डॉक्टरों ने डिक्कशन-रूम में ही बुला लिया। उसे कुरसी पर बैठाकर उसके सामने वह ट्रे रख दी गई, जसमें ऑपरेशन करके निकाला गया वह बाह्य पदार्थ था। और उस पर प्रश्नों की बौछार कर दी गई:

"ये क्या खाते हैं?"

"इन्हें इस दर्द का अनुभव सबसे पहले कब हुआ?"

"आज तक इन्हें कौन-कौन से रोग हुए?"

पर उसकी पत्नी पर प्रश्नों का कोई प्रभाव नहीं पड़ा और न ही उसमें प्रतिक्रिया जागी। वह ट्रे में पड़े उस बाह्य-पदार्थ को घूरती जा रही थी। उसकी आंखें फट-सी रही थीं, जैसे उसने कोई भंयकर-सी वस्तु देख ली हो। सहसा उसने अपनी आंखों पर हाथ रख लिए और ऐसे बैठ गई, जैसे उसे चक्कर आ रहे हों।

डॉक्टरों ने अपने प्रश्न छोड़ दिए। उन्हे लगा कि उसकी पत्नी ट्रे में पड़े उस बाह्य-पदार्थ को पहचानती है।

"यह क्या है? यह क्या है??" वे लोग उत्सुक बच्चों के समान चीखे।

"प्लॉट। कहानी का प्लॉट!!" वह बोली, "मेरे भैया-भाभी की अनबन का प्लॉट!!!" और वह बेहोश होकर गिर पड़ी।

❑❑❑

एक और लाल तिकोन

मैं कुछ लोगों के बहकावे में आ गया था और अपने पैरों पर कुल्हाड़ी मार बैठा था। अब मैं अंग्रेजी का विरोध नहीं करता। हमारे आराम और सुख-सुविधा के लिए अंग्रेजी बहुत जरूरी है। देश की व्यवस्था को बनाए रखने के लिए भी अंग्रेज को बनाए रखना आवश्यक है।

एक खाते-पीते किसान का लड़का अपने गांव के स्कूल में पढ़ता था। वह हर परीक्षा में अपनी कक्षा में प्रथम आता था। पर छठी में अंग्रेजी लगी और वह उसमें फेल हो गया। फेल होने की लज्जा से वह घर से भागकर दिल्ली आ गया और आजकर मेरे घर में बर्तन मांजने और झाड़ू देने को काम पर नियुक्त है।

अंग्रेजी उच्च शिक्षा का माध्यम है और उच्च शिक्षा का केंद्र दिल्ली है। वह लड़का दिल्ली पहुंच गया है, तो उच्च शिक्षा भी प्राप्त कर ही लेगा। मैं अंग्रेजी को धन्यवाद देता हूं कि उसने मेरी सुख-सुविधा के लिए एक नौकर भेजा। और वह लड़का अंग्रेजी का आभारी है कि उसके कारण वह हम जैसे बड़े लोगों के संपर्क में आया नहीं तो गांव-गंवई में पड़ा रहता और ज्यादा-से ज्यादा पढ़ा-लिखा किसान बन पाता। सच बात है, अंग्रेजी न होती तो उसे इतनी ऊंची शिक्षा कौन देता!

सारी पढ़ाई मातृभाषा में होती तो किसी को घरेलू कामकाज के लिए कोई नौकर भी नहीं मिलता। लोगों को खुद अपने जूठे बर्तन मांजने पड़ते अपने घर में झाड़ू देनी पड़ती। वह तो कहो कि अंग्रेजी ने शरीफ लोगों की इज्जत ढांप रखी है। अंग्रेजी ने सरकार की भी इज्जत बचा रखी है, नहीं तो ये घरेलू कर्मचारी भी पढ़-लिखकर सरकार से नौकरी मांगने लगते। अंग्रेजी ने सरकार से नौकरी मांगने लगते। व्यर्थ ही उन पर सरकारी नौकरियां नष्ट करनी पड़ती। फिर अफसरों के बेटे क्या करते?

उस दिन एक स्कूटर-ड्राइवर मुझसे नाराज हो बैठा। कहने लगा कि वह गरीब है, अनपढ़ है; पर वह अपने बच्चे को पढ़ाना चाहता है। मैंने कहा कि पढ़ाओ, पढ़ाने में क्या हर्ज है। वह और नाराज होकर बोला कि वह अपने बच्चे को लेकर एक पब्लिक स्कूल में गया था, पर उन लोगों ने उसके बच्चे को स्कूल में इसलिए प्रवेश नहीं दिया, क्योंकि बच्चे के बाप को अंग्रेजी नहीं आती। अंत में वह बहुत नाराज

होकर बोला, आप ही बताएं, अंग्रेजी देश को शिक्षित बनाने का माध्यम है या देश को अनपढ़ बनाए रखने का साधन?"

मैंने उससे पूछा, "पढ़ाई जरूरी है कि व्यवस्था?"

"व्यवस्था।" उसने कहा, "आदमी पढ़े बिना भी इज्जत से जी सकता है, किंतु व्यवस्था के बिना किसी की भी इज्जत सुरक्षित नहीं रहेगी।"

"ठीक कहते हो।" मैंने उसकी प्रशंसा की, "यदि हमने अंग्रेजी हटा दी और पढ़ाई मातृभाषाओं में होने लगी तो सब लोग पढ़ने लगेंगे। तुम्हारा बेटा भी पढ़ जाएगा।"

"हां जी।" वह खुश होकर बोला।

"तो फिर स्कूटर क्या मेरा बेटा चलाएगा?" मैंने उसे डांटा, "सब लोग पढ़ गए तो स्कूटर कौन चलाएगा? और स्कूटर कोई नहीं चलाएगा तो हम एक स्थान से दूसरे स्थान तक कैसे जाएंगे? और हम एक स्थान से दूसरे स्थान नहीं जाएंगे तो समाज की व्यवस्था कैसे चलेगी? इसलिए समाज की व्यवस्था के लिए अंग्रेजी का होना बहुत आवश्यक है। अंग्रेजी ही हमारे समाज की व्यवस्था को चला रही है।"

"हां जी। हां जी।" वह मान गया।

"फिर, एक बात और है।" मैंने उसे समझाया, "अंग्रेजी रही तो मेरा बेटा हर परीक्षा में तुम्हारे बेटे से अधिक अंक प्राप्त करेगा और अंग्रेजी हट गई तो तुम्हारा बेटा भी क्लास में फर्स्ट आ सकता है। अब तुम खुद ही सोचकर ईमानदारी से कहो कि एक स्कूटर-ड्राइवर का बेटा क्लास में फर्स्ट आए और एक आई.सी.एस. अफसर का बेटा पीछे रह जाए, क्या यह अच्छा लगेगा?"

"नहीं जी! नहीं जी!" वह बोला, "हम ऐसी गुस्ताखी कैसे कर सकते हैं।"

"तो अंग्रेजी रहे न?"

"हां जी! हां जी!" उसने अनुमति दे दी, "सिर-आखों पर रहे।"

मेरे एक मित्र कॉलेज में लेक्चरर हैं। वे भी मेरी ही तरह पहले कुछ लोगों के बहकावे में आ गए थे और अंग्रेजी की बुराई करने लगे थे। अब वे भी मेरे ही समान अंग्रेजी के समर्थक हैं।

उन्होंने मुझे बताया, "कॉलेज में अनुशासन के लिए अंग्रेजी का होना बहुत आवश्यक है।"

"हिंदी में अनुशासन नहीं रहता क्या?" मैंने पूछा।

"अजी, लानत भेजो।" वे बोले, " हिंदी भी कोई भाषा है। क्लास में जो कुछ बोलो, लड़के सब कुछ समझ जाते हैं। और फिर धड़ाधड़ प्रश्न पूछने लगते हैं। उन प्रश्नों का उत्तर न दे सको तो क्लास का अनुशासन बिगड़ता है। और उनका उत्तर

देना चाहो तो रोज घर पर लेक्चर की तैयारी के लिए छः घंटे पढ़ना पड़े। उससे तो अंग्रेजी ही भली। बिना तैयारी के क्लास में चले गए। जो जी में आया बोल आए, न कोई समझेगा, न कोई अंग्रेजी बोल सकेगा, न क्लास का डिसिप्लिन बिगड़ेगा।"

मैं मान गया कि डिसिप्लन के लिए भी अंग्रेजी बहुत जरूरी है।

हायर सैकंडरी परीक्षा का फल निकला तो यूनिवर्सिटी में काफी हलचल मच गई। पता चला कि कॉलेजों में जितनी सीटें हैं, प्रवेश के प्रत्याशी उससे अधिक हैं। उपकुलपति बड़े परेशान थे। मिले तो उसी परेशानी का दुखड़ा ले बैठे।

''आखिर इतने लोग कहां से आ गए?'' मैंने सहानुभूति जताने के लिए पूछा, ''क्या जनसंख्या बहुत बढ़ गई है?''

''जनसंख्या कितनी भी बढ़ती, कुछ नहीं होता,'' वे बोले, ''यह तो हायर सैकंडरी वालों ने अंग्रेजी का लाल तिकोन हटाकर अच्छा नहीं किया। मैं कहता हूं, हर परीक्षा में अंग्रेजी के छः परचे रखो और हर विषय के अध्ययन का माध्यम भी अंग्रेजी हो। एक ही वर्ष में यूनिवर्सिटी में परिवार-नियोजन न हो गया तो मुझे कहना।''

''पर विद्वान लोग तो कहते हैं कि अंग्रेजी उच्च शिक्षा का माध्यम है। अंग्रेजी हट गई तो उच्च शिक्षा नहीं रहेगी और आप उसे उच्च शिक्षा से रोकने का साधन बना रहे हैं?'' मैंने पागलों का-सा प्रश्न किया।

वे मेरी मूर्खता पर खूब हंसे, जी भर। बोले, ''मैं भी अंग्रेजी को उच्च शिक्षा का माध्यम मानता हूं। उच्च शिक्षा के माध्यम से अभिप्राय है, समाज में ऊंच-नीच बनाए रखने का माध्यम। अंग्रेजी हटी तो सब लोग बराबर हो जाएंगे। तब भारत में जनतंत्र हो जाएगा। ऊंच-नीच नहीं रह पाएगी।''

''हूं।'' मैं बोला।

''और भी एक बात है,'' उन्होंने मुझे बताया, ''अंग्रेजी भारतीय संस्कृति की रक्षक है।''

''भारतीय संस्कृति की रक्षक?'' मैं समझा नहीं।

''शिक्षा का माध्यम हिंदी हो गया तो लोग अपनी पुस्तकों को लाल कपड़े में बांधकर रखने और रोज प्रणाम करने के बदले उन्हें पढ़ने लगेंगे। उससे उन पुस्तकों का आदर-मान कम हो जाएगा। नीच जाति के लोग भी अपने ग्रंथों को समझने लगेंगे।''

''ठीक है।'' मैंने उन्हें बताया, ''मैं इस बात को पूरी तरह मान गया हूं। अंग्रेजी के शत्रु राष्ट्र-विरोधी लोग हैं, उन्हें गोली से उड़ा दिया जाना चाहिए।''

□□□

भगवान की औकात

पुलिस के सिपाहियों ने हड़ताल कर दी। कहने लगे, ''आखिर हम भी आदमी हैं। हमें पेट भरने तक का तो वेतन दो।''

पुलिस-मंत्री ने सिर पीट लिया। अफसरों को बुलाकर डांटा-डपटा, ''कैसे नालायक लोगों को पुलिस में भर्ती कर लिया है। ये लोग पुलिस में होकर भी अपने पेट नहीं भर सकते। इतने अपराध होते हैं नगर में, एक-एक से दस पैसे भी लें तो लखपति हो जाएं। और ये कहते हैं इनका पेट नहीं भरता।''

फिर उन्होंने करवट बदलकर पूछा, ''ये लोग अपने-आपको आदमी कब से समझने लगे? हम तो आज तक इनको पुलिस का सिपाही ही समझते हैं। हम इनको ऊंची चीज समझते हैं और इन्हें शर्म नहीं आती, अपने-आपको ये लोग आदमी कहते हैं। कल इन्हीं की देखा-देखी और लोग भी इन्हें आदमी समझने लगे तो फिर इनसे डरेगा कौन?''

प्रधानमंत्री ने कहा, ''ओह, मेरा देश कहां जा रहा है? लोग प्रभु को भूल गए हैं। तभी यह सब हो रहा है। कोई जाकर उनको बताओ कि दुष्टों का संहार प्रभु का काम है। अब वही काम पुलिस करती है। प्रभु का काम करते हुए भी कोई वेतन मांगता है क्या? जो कुछ मिले, उसे प्रभु का प्रसाद समझकर ग्रहण कर लेना चाहिए।''

वे बहुत दुःखी हो गए। कातर स्वर में बोले, ''इस देश के लोग अपने उच्च आदर्शों को भूल गए हैं। गीता में भगवान ने कह भी दिया है कि निष्काम कर्म करो। फिर भी लोग कर्म के लिए वेतन मांगते हैं। भगवान की बात भी नहीं मानते। भगवान की बात न मानने वाले पापी हैं। इन लोगों की कोई बात नहीं मानी जाएगी। इन सबको धार्मिक बनाओ। जब धर्म इनकी आत्मा में पैठ जाएगा, तब इनके ज्ञानचक्षु खुलेंगे और बाहरी आंखें बंद हो जाएंगी। तब इन्हें रोटी नहीं दिखेगी, गीता नजर आएगी। जाओ इन लोगों में धर्म का प्रचार करो।

पर सिपाहियों की हड़ताल नहीं टूटी। उपदेशों, धमकियों और प्रार्थनाओं से कुछ नहीं हुआ। वे अपनी बात पर अड़े रहे।

तब चोरों का एक प्रतिनिधि-मंडल उनसे मिलने आया। प्रतिनिधि मंडल के नेता ने कहा, "उस्ताद! क्या कर रहे हो! तुम लोग हड़ताल पर क्या गए, हम अनाथ हो गए। जहां जाते हैं, पकड़े जाते हैं। इतना पिटते हैं कि हद नहीं और मिलता भी कुछ नहीं। लोग आजकल बहुत सावधान हो गए हैं। ऐसे तो हम मर जाएंगे। तुम लोग अपने काम पर लौटो, ताकि लोग तुम्हारे भरोसे असावधान हों और हम चोरी कर सकें। पकड़े भी जाएं तो बचाने के लिए तुम्हारी ड्यूटी पर होना जरूरी है।

बात पुलिस की समझ में आ गई। समझौता हो गया और हड़ताल तोड़ दी गई।

हड़ताल के बाद से 'बाई आर्डर' सारी पुलिस लाइन धार्मिक बन गई। लाइन के पुराने मंदिर में फिर से सफेदी कराई गई। भगवान की मूर्ति की अच्छी तरह झाड़ा-पोंछा गया; पर पुजारी की समस्या नहीं सुलझ रही थी। अब तक जो पुजारी था, वह सारे काम अपनी इच्छा से (जिसे वह भगवान की इच्छा मानता था) करता था। एस.पी. साहब की आज्ञा को वह नहीं मानता था, क्योंकि वह एस.पी. के अधीन नहीं था, भगवान के अधीन था। उसका वेतन पुलिस तो नहीं भगवान के दरबार से आता था।

हड़ताल के बाद से एस.पी. साहब अनुशासन के पक्के हो गए थे और अपनी इच्छा के विरुद्ध हुए काम को विद्रोह मानते थे। मंदिर का यह पंडित, लाइन का अनुशासन भंग कर रहा था। यह लाइन के भीतर भी यदि भगवान से शासित होगा तो शेष सिपाही भी ट्रेड यूनियन के नेताओं से शासित होंगे। भगवान की यह ट्रेड-यूनियन वे पुलिस लाइन में नहीं चलने देंगे। लाइन में केवल उन्हीं की आज्ञा चलेगी।

एस.पी. साहब ने पंडितजी को दो घंटे का नोटिस देकर अलग कर दिया। मंदिर को पुलिस बंदोबस्त में ले लिया गया। अपने गांव के एक ब्राह्मण को उन्होंने पुलिस में सिपाही के रूप में भर्त्ती कर, मंदिर का कार्यभार उसको सौंप दिया। जब पुलिस का नाम ऊंचा करने के लिए, खिलाड़ियों को पुलिस में भर्त्ती कर, उन्हें दिन-भर अपने खेल का अभ्यास करने की छूट दी जा सकती है, तो एक ब्राह्मण को दिन-भर पूजा करने की छूट क्यों नहीं दी जा सकती। यह भी तो पुलिस की प्रतिष्ठा के लिए ही है।

दूसरे दिन सबेरे, परेड से पहले सब लोग बाई आर्डर दर्शनों के लिए मंदिर में आए। पंडितजी ने किसी को भी दर्शन नहीं करने दिए। कहा, "भगवान अभी सो रहे हैं।"

"बहुत देर से उठते हैं भगवान!" एक सिपाही ने कहा, "हां! सबेरे-सबेरे परेड पर नहीं जाना पड़ता न।"

"कब उठेंगे भगवान?" किसी ने पूछा।

"जब एस.पी. साहब आकर जगाएंगे।" पंडितजी ने उत्तर दिया।

एस.पी. साहब आए तो सब लोग सतर्क हो गए। भगवान जी उठ बैठे और पंडित जी ने कहा, "अब एक-एक आदमी आकर माथा टेक ले। भगवान जाग गए हैं।"

एस.पी. साहब ने सबसे पहले भगवान के दर्शन किए और मूर्ति के पास ही एक ओर बैठकर देखने लगे कि कौन-कौन लोग आज दर्शनों के लिए नहीं आए हैं।

एक-एक सिपाही अपनी जगह से उठता, पहले एस.पी. साहब को 'सलाम' करता और फिर भगवान के दर्शन कर प्रसाद पाता।

पंडित जी सबको धीरे-धीरे कान में बताते जा रहे थे, "अब वेतन बढ़ाने की मांग मत करना। भगवान के प्रसाद पर ही पुलिस-फंड का बहुत सारा पैसा खर्च होता जा रहा है।"

सब लोग दर्शन कर चुके तो कथा आरंभ हुई।

पंडित जी गीता का पाठ कर रहे थे, "भगवान ने कहा, हे अर्जुन! मैं मनुष्यों में ब्राह्मण, पशुओं में गाय, पेड़ों में पीपल और पुलिस में एस.पी. साहब के शरीर में वास करता हूं। तू उन्हें मेरा ही रूप समझ...."

पंडित जी ने गीता में, अपने हाथ से उर्दू अक्षरों में 'पुलिस में एस.पी. साहब' शब्द लिख रखे थे। उन्होंने एस.पी. साहब को भगवान का रूप बताकर एस.पी. साहब का पुलिस-राज पक्का कर दिया था और साहब ने उनकी नौकरी पक्की कर दी थी।

परेड पर साहब ने सिपाहियों की वर्दी और उनके अंग-संचालन का निरीक्षण नहीं किया। उन्होंने सबके माथे को गौर से देखा, किसके माथे पर तिलक नहीं है? कौन-कौन मंदिर नहीं गया? कौन-कौन विद्रोही है??? अब भगवान का विद्रोही, पुलिस का भी विद्रोही था। भगवान और एस.पी साहब की पार्टी एक ही हो गई थी। एक ही आदमी दोनों का पुजारी था।

माता प्रसाद के माथे पर तिलक नहीं था। साहब उसके सामने रुक गए।

"तुम मंदिर नहीं गए।"

"जी! गया था।" वह बोला।

"माथे पर तिलक क्यों नहीं है?"

"जी। घरवाली ने पोंछ दिया।"

"क्यों पोंछ दिया? भगवान का तिलक भी कोई पोंछता है?"

"जी! उसने कहा कि पुलिस की वर्दी के साथ तिलक नहीं लगाते।"

"क्यों?" साहब ने पूछा, "किस शास्त्र मे लिखा है?"

"पता नहीं जी!" माता प्रसाद बोले, "वह कहती है कि लोग मुझे भगत समझ लेंगे।"

"तो क्या होगा?"

"जी! भगत समझकर रिश्वत देते हुए सब डरेंगे। हमारी ऊपरी आमदनी मारी जाएगी।"

"नहीं मारी जाएगी।" साहब बोले, "भगत भी भगवान का प्रसाद ले सकता है। वह रिश्वत नहीं, चढ़ावा है।"

एस.पी. साहब ने दफ्तर में हेड क्लर्क से कहा, "पुलिस यूनिफार्म वाले नियमों में एक नियम और जोड़ दो, कि वर्दी के साथ माथे पर तिलक लगा हुआ होना चाहिए। वह तिलक रोज सबेरे मंदिर में पंडितजी लगाएंगे। इस विषय में किसी की पत्नी की कोई आपत्ति नहीं सुनी जाएगी। हुक्म एस.पी. का चलेगा, किसी की पत्नी का नहीं।"

फिर एस.पी. साहब ने पंडित जी को बुलवाया। बोले, पंडित जी! कल के लिए कथा लिखो।"

पंडित जी कलम-दवात लेकर बैठ गए।

एस.पी. साहब बोले, "जब पृथ्वी राक्षसों के पापों से बहुत दु:खी हो गई तो वह ब्रह्मा के पास गई। ब्रह्मा ने पृथ्वी का दु:ख सुना तो रो दिए और पृथ्वी का केस विष्णु भगवान के पास भेज दिया। विष्णु भगवान ने पृथ्वी का दु:ख सुनकर कहा, "रोओ मत! ये राक्षस मेरे स्टेनो की गलती के कारण एक वरदान पा गए हैं। इसलिए वे पृथ्वी पर तीन जन्म लेंगे। राक्षसों का नेता बड़ा दुष्टात्मा और पापी है। वह त्रेता में रावण बनेगा और सीता को चुराएगा, द्वापर में कंस बनेगा और देवकी की संतानों को मारेगा। कलियुग में वह ट्रेड यूनियन का नेता राम लुभाया बनेगा और सिपाहियों को हड़ताल के लिए उकसाएगा। हे पृथ्वी! तुम भय मत करो। मैं स्वयं त्रेता में राम बनकर आऊंगा और तुम्हारा उद्धार करूंगा। द्वापर में कृष्ण के रूप में कंस की हत्या का पाप को रोकूंगा और कलियुग में एस.पी. वर्मा बनकर पुलिस फोर्स को राम लुभाया के अत्याचारों से बचाऊंगा।' पृथ्वी भगवान को सलामी देकर चली आई।"

''पर साहब!'' पंडित जी ने शंका की, ''यदि किसी ने पूछा कि यह कथा किस पुराण में आती है तो?''

''तुम इसको टाइप करवाकर मुझसे अटेस्ट करवा लो। मैं इस पर लिख दूंगा कि यह कथा पुलिस-पुराण में आती है और भगवान ने ये बातें मेरे सामने कही थीं। कोई शंका करे तो उसे वह अटेस्टेड कापी दिखा देना।

''और यदि भगवान ही शंका कर बैठे तो?'' पंडित जी ने भक्ति से गद्गद हो शंका की।

साहब को क्रोध जागा, पंडित जी विद्रोही हो रहा है। चीखकर बोले, ''तो भगवान को लाइन के मंदिर से जेल के मंदिर में ट्रांसफर करवा दूंगा और तुम्हारी चौबीस घंटों के नोटिस के बाद छुट्टी कर दूंगा।''

पंडित जी की आशंकाएं बह गईं। उसके मन में ज्ञान जागा। उन्होंने गद्गद होकर भक्ति से साहब को सैल्यूट मारा और बोले, ''मैं भगवान को समझा दूंगा कि वे अपनी औकात में रहें। उन पर हजूर नाराज न हों, पुलिस की नौकरी में अभी नए-नए ही आए हैं।''

❑❑❑

इश्क एक शहर का

समय कम था। बस इतना कि या तो पिक्चर देख सकता था या फिर अपनी प्रेमिका से मिल सकता था। रात को दस बजे गाड़ी जाती थी और साढ़े पांच हो भी चुके थे। सोचा, पिक्चर तो घर जाकर भी देख सकता हूं, प्रेमिका से मिलना ज्यादा जरूरी है। पता नहीं, कितनी देर का वियोग है। कब हमारी नौकरी लगेगी। कब शादी होगी। और कब हम मिलेंगे।

मैं अपने घर की ओर चल पड़ा। वह बाजार सीताराम में रहती है, शायद आप न जानते हों।

उधर चला तो सोचने लगा कि क्या बेहूदगी है। थोड़ा-सा समय है और मैं सोच रहा हूं कि पिक्चर देख लूं या प्रेमिका से मिल लूं। भला यह भी कोई प्रेम हुआ। जिस प्रेम में प्रेमिका की तुलना पिक्चर के साथ होती है, लानत है उस प्रेम पर।

और मेरे दिमाग पर बड़े आध्यात्मिक-से प्रेम की एक छिपकिली सवार हो गई।

दरवाजा खटखटाने पर वह खुद ही आई दरवाजा खोलने के लिए

''ओह! तुम हो!'' उसने कहा।

मैंने सोचा था कि वह मेरे वियोग की बात सोच-सोचकर परेशान हो रही होगी। पर वह परेशान नहीं लगी मुझे। उसके कहने का ढंग भी ऐसा लगा, जैसे हम तैयार होकर पार्टी में जाने के लिए घर से निकले और रास्ते में धोबी मिल जाए, तो जो अनुभूति हमें होती है, वही उसे हुई होगी।

''कहीं जा रही हो क्या?'' मैंने बातचीत आरंभ की।

''हां! जरा एक सहेली के साथ चाट खाने जा रही थी।''

''तुम्हें पता है, मैं आज घर जा रहा हूं?'' मैंने पूछा।

मुझे लगा कि मेरी आवाज बहुत गमगीन हो गई है और मैं अब जार-जार रोने ही वाला हूं। रोते-रोते कहीं उससे लिपट न जाऊं, इस भय से उससे काफी हटकर बैठ गया।

"मालूम है।" उसने बड़े सहज भाव से कह दिया और मेरी शक्ल देखने लगी।

"मैंने सोचा कि जाते-जाते तुमसे जरा शादी की बात तो कर जाऊं।" मैं अपनी असल बात पर आया।

"शादी?" उसने आश्चर्य से मुझे देखा।

"हां। मैं तुमसे शादी करना चाहता हूं न।" मैं बोला।

"पर मैं तो नहीं करना चाहती न!" उसने कहा।

"तुम मुझसे प्रेम नहीं करतीं क्या?" मैंने बड़े करुण स्वर में पूछा।

"करती हूं।" वह बोली।

"तो क्या शादी नहीं करोगी?"

"शादी भी कर लेती।" वह पहली बार खुलकर बोली, "अगर तुम दिल्ली में रहते तो, पर तुम तो अपने शहर जा रहे हो।"

"तुम मेरे लिए अपना शहर नहीं छोड़ सकती।" मैं लगभग रो पड़ा।

"तुम्हारे लिए क्या, यह शहर तो मैं किसी के लिए भी नहीं छोड़ सकती।" वह अपने पर्स में से चूरन निकालकर खाने लगी।

"तुम्हारे शहर में आखिर है क्या?" मैं तर्क पर उतर आया।

"कनॉट प्लेस है, लाल किला है, कुतुबमीनार है और बहुत सारे मकबरे हैं। और हां......" उसने बाद में जोड़ा, "मेरे पापा की बजाजी की दुकान है। तुम्हारे बाप की बजाजी की दुकान है?"

मैंने बजाजी की दुकान वाली बात का जवाब नहीं दिया, क्योंकि मेरे बाप की सचमुच ही बजाजी की दुकान नहीं थी। पर मैं तर्क कर सकता था। मैं उसे मनाकर रहूंगा कि उसके शहर में कुछ भी नहीं है।

"तुम्हारा शहर इतना कंजेस्टेड है," मैं बोला, "यहां न किसी को साफ पानी मिलता है, न साफ हवा। यहां रहने को मकान नहीं मिलते। सड़क पर प्रतीक्षा में खड़े लोगों को बस नहीं मिलती। यहां के लोग लड़के हैं और, और....." मैं एकदम तैश में आ चुका था–"तुम्हारा शहर गंदा है। बाजार सीताराम की गलियां आदमी तो क्या जानवरों के रहने लायक भी नहीं हैं।"

"तुम्हारा शहर साफ और खुला है क्या।" उसने बड़े चाव से पूछा।

मैं खुश हो गया, मैंने उसे मना लिया था। बड़े गर्व से बोला, "हां। हमारा शहर साफ और खुला है।"

"तो तुम्हारा शहर छोटा होगा!" उसने नाक चढ़ाकर कहा।

मुझे कुछ नहीं सूझा। बड़ी देर तक चुपचाप बैठा-बैठा मातम मनाता रहा। फिर बोला, "पर तुम इस शहर को इसके दुर्गुणों के कारण प्यार करती हो।"

"सच्चे प्यार में गुण-दुर्गुण नहीं देखे जाते। उसने मुझे उपदेश दिया, "तुम तो अभी प्यार के मानदंड से भी परिचित नहीं हो। गालिब इसी गंदे शहर को ही प्यार करते थे!"

मैं प्रेम के तर्क में उससे हार गया था। अब बातचीत व्यर्थ थी। बाहर निकल आया। समय पर गाड़ी में जा बैठा और इस बात पर अपने-आपको कोसता गया कि पिक्चर छोड़कर प्रेमिका से मिलने क्यों चला गया।

पर गाड़ी में ही मैंने मन में ठान लिया कि मैं किसी हिंदी पिक्चर के हीरो के समान ही स्वयं को इस प्रेम पर मिटा दूंगा। और किसी से प्रेम नहीं करूंगा। क्योंकि लड़कियां लड़कों से नहीं, शहरों से प्रेम करती हैं। और मैं किसी भी प्रकार एक शहर नहीं बन सकता, इसलिए मुझसे कभी कोई लड़की प्रेम नहीं करेगी।

मैंने एक छोटे से शहर में नौकरी कर ली और लोगों की सेवा में दिन बिताने लगा। मेरा मन इस प्रेम में निराश होकर बहुत कोमल हो गया था। मैं अब किसी का भी दु:ख नहीं सह सकता था, इस बात का पता मुझे तब चला, जब मैंने एक चिड़िया का घोंसला उखाड़ फेंका था। बात इस प्रकार हुई कि मेरे बाथरूम में फ्लश की टंकी के ऊपर एक चिड़े और चिड़िया ने मिलकर घोंसला बनाना आरंभ किया था। थी तो वह अनऑथोराइज्ड कंस्ट्रक्शन ही। पर मैंने किसी भी बड़े शहर की कारपोरेशन के समान कोई नोटिस नहीं लिया। दूसरे दिन से निडर होकर वे लोग ढेर सारे तिनके नीचे गिराने लगे और उन तिनकों के कारण मेरा फ्लश जाम हो गया। तब मैंने गुस्से में आकर उनका घोंसला उखाड़ फेंका।

चिड़िया जब बहुत चीखी-चिल्लाई, तो मुझे कुछ पुरानी बातें याद आ गईं। मुझे लगा कि यह चिड़िया बहुत ही बदनसीब है। मेरे ही समान। मैंने भी एक बार अपना घर बसाना चाहा था, पर मेरी प्रेमिका के शहर के प्रेम ने मेरा घर नहीं बसने दिया था। आज वह चिड़िया भी अपना घर बसाना चाहती है और मेरे घर की सफाई का प्रेम इसका घर नहीं बसने दे रहा।

और तभी अचानक मुझे लगा कि मेरा मन बहुत कोमल हो गया है, मैं किसी का भी दु:ख नहीं देख सकता, चाहे वह एक चिड़िया ही क्यों न हो। और मैंने निर्णय लिया कि अब मैं किसी का घर नहीं उजाड़ूंगा।

थोड़े दिनों में चिड़िया और चिड़े का घर बस गया। अंडे दिए गए, बच्चे हुए और उनके घोंसले से गिरती घास ने मेरा फ्लश खराब कर दिया। उसमें पानी जाम

होने लगा और बहुत दुर्गंध आने लगी। परिणाम यह हुआ कि मुझे शौच के लिए मैदान में जाना पड़ा। पर छोटा शहर था, कोई बड़ी बात नहीं थीं। बहुत सारे लोग उसी प्रकार शौच के लिए मैदान में जाते थे।

थोड़े दिनों में मेरे घर की दीवारों पर मकड़ों ने अपना जाला बुनना आरंभ किया। पहले तो जाला साफ करने की बात सोची, पर फिर मुझे ध्यान आया कि वह जाला नहीं है, वह तो मकड़े का घर है। और मैं किसी का घर नहीं उजाड़ना चाहता था, इसलिए मकड़े का जाला भी घर में लगा रहा और दिन-ब-दिन बढ़ता रहा। फिर चूहों की बारी आई, चूहों के पीछे बिल्लियां आईं, उनके पीछे कुत्ते आए और एक दिन कुत्तों के पीछे उनकी मालकिन आई।

कुत्तों की मालकिन कुछ कम सुंदर, पर बड़ी कोमल-सी युवती थी। मैं उसे कहीं और देखता तो उसके द्वारा खटमल पाले जाने की भी कल्पना न करता और उसने बड़े-बड़े कुत्ते पाल रखे थे।

खैर, वह मेरे घर आई। उसने मेरा घर देखा। और देखा कि मेरे ड्राइंग रूम में भी मकड़े के जाले के अंबार लगे हुए हैं। वह बड़ी हैरान हुई कि मैं इतना समझदार आदमी होकर भी इतने फूहड़ ढंग से क्यों रहता हूं।

मैं बताना नहीं चाहता था, पर वह जानना चाहती थी। आखिर मजबूर होकर मैंने उसे अपनी प्रेम-कथा और उसके कारण अपने मन के बहुत कोमल हो जाने की बात बता दी। कहानी सुनते-सुनते ही उसकी आंखों से आंसू बहने लगे। और कहानी की समाप्ति तक उसे मुझसे प्रेम हो चुका था।

□□

प्रेम हो जाने के पश्चात् उसने मुझे यह भी बताया कि वह मुझसे विवाह करना चाहती है। मैंने सोचा, चलो, हटाओ दलिद्दर। कर डालो शादी और ढंग से रहो। आखिर यह मुझसे प्रेम करती है तो यह भी तो मेरी प्रेमिका हो गई और मैंने यही तो कसम खाई थी कि मैं विवाह करूंगा तो अपनी प्रेमिका से ही करूंगा।

मैंने उसे बता दिया कि मैं भी उससे प्रेम करता हूं और उससे विवाह के लिए तैयार हूं।

वह बहुत प्रसन्न हुई और चहकने लगी।

आप जानते हैं कि जब लड़कियां प्रसन्न होती हैं तो चहकने लगती हैं और लड़के को चीखना पड़ता है।

''तुम जानते हो'' वह बोली, ''तुम्हारे मिल जाने से मेरी एक बहुत बड़ी समस्या हल हो गई है।''

"जानता हूं।" मैं बोला।

"कौन-सी समस्या?" उसने पूछा।

"शादी की समस्या।" मैं बोला।

"बुद्धू हो।" वह बोली, "भला मुझे शादी की समस्या हो सकती है। इतनी जायदाद है मेरे पास। और इतनी मैं सुंदर हूं। और मर्द ऐसा मूर्ख होता है कि इन दो बातों के अतिरिक्त उसे तीसरी बात कोई सूझती ही नहीं है।"

"तो फिर कौन-सी समस्या?" मैंने बड़ी उत्सुकता से पूछा।

"बात यह है कि जिस शहर के तुम रहने वाले हो, मुझे उस शहर से बहुत प्यार है, क्योंकि वहां मेरे पापा के दो मकान हैं, जो मेरे नाम पर हैं। मैं उस शहर को छोड़ना नहीं चाहती थी। अब जब हमारी शादी हो जाएगी तो उस शहर को छोड़ने की कोई आवश्यकता ही नहीं पड़ेगी। है न खुशी की बात?" उसकी आंखों में खुशी के फ्लड लाइट वाले बल्ब जल रहे थे।

"हां, है तो खुशी की बात।"

और मैं सारा दिन उसके साथ खुशी मनाता रहा।

पर फिर मैंने सोचा—मेरी पहली प्रेमिका मुझे अपने शहर में बांधना चाहती थी और यह मुझे अपने शहर से बांधना चाहती है। मैं तब भी शहर से नहीं बंधा था और अब भी नहीं बंधना चाहता हूं। मैं शहर से नहीं बंध सकता। मैं शहर नहीं बन सकता। इसलिए मुझे प्रेम करने का कोई अधिकार नहीं है।

और आप जानते हैं, तब मैंने क्या किया? रातों-रात अपना बिस्तरा बांधकर एक नए शहर में चला गया।

❑❑❑

संदर्भ प्रेम-प्रसंग का

पहली बार जब रीमा ने तमककर कहा था, ''मैं आपको अच्छी नहीं लगती।'' तो बहुत कुछ हो गया था मेरे भीतर। (रोमांटिक बात है, संभल जाइए)। छोटे-से गोलाकार गोरे मुख पर झुंझलाहट का लाल रंग बड़ा प्यारा लगा था। और साथ-ही-साथ उसे विश्वास दिलाने के लिए मैं तड़प उठा था कि मैं उससे कितना प्यार करता हूं। परह वह मेरी बात मानने से निपट इनकार कर देती है और अपने नन्हे-नन्हे हाथ झटक-झटककर दोहराती रहती है कि जब वह मुझे अच्छी नहीं लगती तो मैं उससे क्यों मिलता हूं। मैं उसे कितना विश्वास दिलाता हूं, पर वह नहीं मानती। और हारकर जब मैं सस्ता-सा फिल्मी 'डायलॉग' बोलता हूं (फिल्म-प्रेमी बुरा न मानें)–''अच्छा मेरी तरफ देख, मेरी आंखों में देख और कह कि मैं झूठ बोलता हूं।'' तो वह दृष्टि चुराकर छिटककर अलग खड़ी हो जाती है और इधर-उधर धरती-आकाश, फर्श-दीवारें, किसी भी ओर देखकर कह देती है, ''हां, आप झूठ बोलते हैं।''

और 'आप झूठ बोलते हैं', वह इतने प्यारे ढंग से बोलती है कि (बहुत सारे उद्धरण हैं–विद्वान लोग ध्यान दें) 'विवश गूंजते गान प्राणों में', मन में गूंजता है और मैं बढ़कर उसे कंधों से थाम लेता हूं और कहता हूं, ''देख, मेरी ओर देख!''

पर वह नहीं देखती और 'किए मुख नीचा कमल समान, प्रथम कवि का ज्यों सुंदर छंद' मेरी कमीज के बटन से खेलती हुई कहती है, ''आपकी ओर देखकर मैं नहीं कह सकती। आपकी मुद्रा देखकर मुझे लगता है कि मैं झूठ बोल रही हूं, जबकि मैं जानती हूं कि झूठ आप बोल रहे हैं।''

और मुझे विश्वास हो जाता है कि झूठ मैं ही बोल रहा हूं (विशेष-प्रेमी की सहज आस्था का चित्रण)।

रीमा लड़ती नहीं मुझसे, पर झगड़े बिना कभी नहीं रहती। झगड़ती जरूरत से ज्यादा है। (प्रस्तुत हैं कुछ घिसे-पिटे फिल्मी डायलॉग) ''जाइए, हम आपसे नहीं बोलते और आप मुझसे मत मिला कीजिए, मत बोला कीजिए,'' उसका तकिया-कलाम होकर रह गए हैं। पहले की बात और थी। तब वह पढ़ती थी, इसलिए उसके पास

सदा ही समय रहता था। मुझे जब अवकाश होता, बुला लेती और (प्रेमी की मजबूरी) दो मिनट भी देर होने पर सरकार के हुजूर में कैफियत देनी पड़ती थी। मैं भी घबराता था और मिनट-मिनट का हिसाब रखकर निपट पंक्चुअल होने का प्रयत्न करता। पर बात दूसरी भी थी। यदि मुझे वह बुलाए, मैं जाऊं और उसके लिए प्रतीक्षा करनी पड़े तो मैं भी किसी 'हिटलर-स्टालिन' से कम नहीं हुआ करता था। तब उसकी शिकायत थी कि मैं उसे सदा डांटता रहता हूं। भई, वह नहीं मेरे समान पंक्चुअल हो सकती। मुझे पहले ही कोई पंक्चुअल लड़की चुननी चाहिए थी। चुनते हुए तो सोचा नहीं, चुन ली सुस्ती की गांठ (यह नाम उसे मैंने प्रेम जताने के लिए दिया है) और अब चाहता हूं कि वह 'पंक्चुअल' हो जाए।

पर वे दिन और थे। अब वह पढ़ती नहीं, पढ़ाती है। लेक्चरर है। उत्तरदायित्वपूर्ण पद पर है। इसलिए मुझे बुलाकर भी दो-दो घंटे नहीं मिलती। मैं बैठा-बैठा आस-पास पड़े हफ्तों पुराने समाचारपत्रों के सिचुएशन वैकेंट और मैट्रिमोनियल तक याद कर डालता हूं। वह दौड़ती-हांफती आती है और दरवाजे पर जोर से धक्का मारती है। अधखुले दरवाजे में से मुझे देखती है और वहीं खड़ी हो जाती है। एक पैर आगे की ओर बढ़ा हुआ, दूसरा उठने की मुद्रा में, दाएं हाथ में टंगा नया खरीदा हुआ स्टील-ग्रे पर्स। उसके ऊपर हृदय से लगाया हुआ हैंडलूम हाउस, कॉटेज इंपोरियम, खादी ग्रामोद्योग या ऐसी ही किसी दुकान का कोई पैकेट या लिफाफा जिसमें नया खरीदा गया ब्लाउज, पेटीकोट या कोई साड़ी। दांतों में जीभ। वह कुछ देर ठिठकी, भौचक लजाई, वहीं खड़ी रहती है। बायां हाथ पीछे दरवाजा बंद करने की मुद्रा में होती है। और फिर हिम्मत कर दो डग रखती है। चीजें डायनिंग टेबल पर पटकती है।

''कब आए?''

''थोड़ी देर पहले।'' मैं धीरे से कहता हूं।

''पानी पिएंगे?''

मैं 'ना' में सिर हिला देता हूं, क्योंकि मैं दो घंटे की प्रतीक्षा में कई बार पानी पी चुका हूं (विद्वानों के लिए ध्यानाकर्षक नोटिस–पानी पीना भी मुहावरा है)।

वह भागी हुई पानी पीने के बहाने अंदर चली जाती है। मैं जानता हूं कि पानी पीने के लिए कम, देर से आने के कारण अपनी झेंप मिटाने के लिए अधिक–घर के भीतर जाती है। यदि पानी पीना होता और वह ठीक समय पर आई होती तो पर्स को वहीं पटक, सोफे पर छलांग लगा, वहीं से हांक लगाती–''रामचंदर, एक गिलास पानी।''

पहले वह इसी नौकर को राम कहकर पुकारा करती थी। पर राम नाम तो प्यार से, धीरे से पुकारने योग्य है, और धीरे से यह नौकर सुनता नहीं, अतः रीमा जैसी पंजाबी-उच्चारण-विरोधिनी भी उसे पंजाबी टोन में पुकारती है–'रामचंदर!'

तो वह स्वंय भीतर चली जाती है। पानी पी झेंप को अपने चेहरे से रद्दी कागज के समान नोच-फाड़कर डस्टबिन में डालकर वह कमरे में आकर मुझसे दूरतम कुर्सी पर बैठकर दोनों हाथों से कुर्सी की ठोंकते-बजाते हुए प्रतीक्षा करती है कि मैं कुछ कहूं। पर जब मैं कुछ नहीं कहता तो वह कहती है, "बहुत देर से बैठे हैं आप?"

इस जाने-पहचाने प्रश्न का उत्तर मैं नहीं देता। मैं जानता हूं कि इस प्रश्न का कोई महत्त्व नहीं है, यदि मैं कहूं कि हां, मैं दो घंटों से बैठा हूं तो वह बड़े प्यारे ढंग से कहेगी कि मैं झूठ बोल रहा हूं, और यदि कहूं कि नहीं, अभी-अभी आकर बैठा हूं तो वह निश्चिंत हो जाएगी कि मुझे अधिक प्रतीक्षा नहीं करनी पड़ी, अत: उसे गिल्टी फील करने की आवश्यकता नहीं है। मेरे किसी भी उत्तर से वह संतुष्ट हो जाएगी-अत: मैं कोई उत्तर नहीं देता और परिस्थिति बदल जाती है (जब मान चित्रण प्रस्तुत है)।

"बहुत नाराज हैं आप?"

और इस पेटेंट प्रश्न का पेटेंट उत्तर मेरे मुख से निकलता है, "तुमसे कोई नाराज हो ही नहीं सकता।"

"देखिए, नाराज मत होइए।" वह मेरा हाथ पकड़कर कहती है, "यदि गुस्सा आ रहा है तो डांट लीजिए।"

हाथ पकड़ना हमारे बीच दूसरे को मनाने की प्रतीक है (धौल धप्पा उस सरापा नाज का शेवा नहीं-हम ही कर बैठे थे गालिब पेशदस्ती एक दिन)। जब वह रूठती है तो मैं हाथ पकड़कर उसे मनाता हूं और जब रीमा मेरा हाथ पकड़ती है तो मैं मोम हो जाता हूं (चित्रण-मर्यादित श्रृंगार)।

"मैं तुम्हें डांट नहीं सकता।" मैं कहता हूं (परंपरा-उस पुराने प्रेमी मजनूं की।)

"देखिए," वह समझाती है, "आप इतने अच्छे मत बनिए। पहले आप डांट लेते थे, तो मैं संतुष्ट रहती थी कि आप डांट लेंगे। बात खत्म हो जाएगी। पर अब आप डांटते भी नहीं हैं। इस तरह से तो मेरी आदतें बिगड़ जाएंगी।" (पादटिप्पणी-आदर्श प्रेमिका का चित्रण)

मैं डांटता फिर भी नहीं हूं। जब डांटता था तो उसे शिकायत थी कि सदा डांट-डपट करता रहता हूं। इसलिए अब इसको दोहराने की कोई इच्छा मन में शेष नहीं है।

और फिर रीमा सारी घटना सुनाती है कैसे उसके सहेलियां-गेंदा, गुलाब, चंपा, चमेली इत्यादि उसे मेरे विरुद्ध भड़काती हैं, उसे मोरल सपोर्ट देती हैं। वे कहती हैं

कि उसे मुझसे डरने की कोई आवश्यकता नहीं है। उसे मनमानी करने का, जहां-तहां घूमने का, उनके साथ पिक्चर देखने का, मुझे समय देकर भी न आने का पूरा अधिकार है (नारी स्वातंत्र्य आंदोलन)। और प्रतीक्षा करना, भीतर-ही-भीतर घुटना, अपना खून जलाना मेरी नियति है। वह उनका विश्वास कर लेती है और एक सड़ा-सा पेटीकोट खरीदने के लिए तीन-तीन, चार-चार घंटे धूप में भटक-भटककर टैन होती जाती है।

फिर वह यह भी सुनाती है कि उसकी सहेलियां दुकानदारों से क्या-क्या बातें करती हैं और दुकानदार क्या-क्या जवाब देते हैं। और मैं सोचता हूं कि यह मेरा सौभाग्य ही है कि मैं उसके साथ नहीं था, नहीं तो मैं, रीमा और दुकानदार तीनों ही अपने स्थान पर इस प्रकार शांत न बैठे होते। (पादटिप्पणी-प्रेमी की ईर्ष्या और आक्रोश का चित्रण)।

और फिर वह अपनी सहेलियों के ही स्वर में घोषणा करती है कि सहेलियां सहेलियां हैं, उनका महत्त्व कम नहीं है। वह उनको छोड़ नहीं सकती।

और इस सबका अर्थ मैं इतना ही समझता हूं कि वह मुझे बता देना चाहती है कि उसने अपनी सहेलियों के साथ जाकर, मुझे बुलाकर, दो घंटे प्रतीक्षा करवाकर कोई दोष नहीं किया है। वह मुझसे बंधी तो नहीं रह सकती है। उसका अपना स्वतंत्र व्यक्तित्व है, स्वतंत्र जीवन भी है, पृथक् मित्र है, अपना स्वतंत्र, पूर्ण और पृथक् जीवन भी है। अत: मेरी ईच्छा कि वह कॉलेज से छुट्टी होने के पश्चात् सीधी घर आए, सर्वथा अनुचित है।

मैं सोचता हूं कि मैं कैसा मूर्ख हूं, जो अपने से सर्वथा किनारा कर बैठां हूं। ठीक ही तो कहती है रीमा। प्रेमी या प्रेमिका अपने स्थान पर और मित्र-दोस्त अपने स्थान पर। उनका महत्त्व कम नहीं आंकना चाहिए। मुझे भी अपने मित्रों से मिलना चाहिए।

दूसरे दिन मैं उसके घर जाता हूं तो पता चलता है कि मेरी कृष्णकांता प्रेमिका की तबीयत अच्छी नहीं है।

अगले दिन रीमा से नहीं मिलता। सोचता हूं मित्रों से मिलना भी आवश्यक है, अत: आज सहाय से मिल लिया जाए।

हाल-चाल पूछता हूं तो उसकी आंखों से आंसू टप-टप गिरते हैं, मुझे लगता है कि मैं अपराधी हूं, पापी हूं......

(चेतावनी–अब वियोग का करुण चित्रण है। वैसे इसे उपालंभ काव्य भी कह सकते हैं।)

"....हां, हमसे मिलने की क्या जरूरत है! सहाय के सामने हम क्या हैं। मत मिला कीजिए मुझसे। मत बातें किया कीजिए। जाइए, सहाय से मिलिए। होस्टल का खाना खाइए। एक दिन मुझे याद नहीं रहा कहना तो आए ही नहीं। सोचा होगा, अच्छा है भूल गई। आपको क्या फर्क पड़ता है नहीं मिलने से। आपको क्या है, तू नहीं और सही...." इत्यादि-इत्यादि (पादटिप्पणी–प्रेमिका पर फिल्मी गानों का प्रभाव)।

मुझे तब अनुभव होता है कि मैं कितना पालतू हो गया हूं। मुझमें इतना साहस नहीं है कि मैं कह सकूं, "रीमा! होश में आ। जब तेरे लिए तेरी सहेलियों का महत्त्व है तो मेरे लिए भी मेरे दोस्त महत्वपूर्ण हैं।" (बेचारा प्रेमी)।

(तो जनाब!) उसकी कहौटियां अपने लिए और दूसरों के लिए पृथक् हैं। उसका विचार है कि वह तो ऐसा करती है, पर दूसरा वैसा क्यों करे? वह तो देर से आएगी पर मैं क्यों देर से आऊं? वह तो सहेलियों के साथ जाएगी, पर मैं अपने मित्रों के साथ क्यों घूमूं? वह तबीयत खराब होने पर भी आराम नहीं करेगी, पर मैं क्यों न करूं? वह दूध नहीं पिएगी, पर मैं क्यों न पियूं? वह थोड़ा-सा चिड़ी का चुग्गा खाएगी, पर मैं पेट ठूंसे बिना क्यों उठूं? (विशेष–सुंदर घरेलू वातावरण का चित्रण)।

और फिर उस पर आत्मभर्त्सना के दौरे पड़ते हैं–"मैं कितनी खराब हूं न। आपको कितना तंग करती हूं। आपका टाइम वेस्ट करवाती हूं। आपको बुलाती हूं, स्वयं समय पर नहीं आती......" इत्यादि। पर फिर अंत में दोषी मैं ही ठहराया जाता हूं, "आप यदि इतने अच्छे न बनें, आप यदि मुझे डांटना शुरू कर दें और आप यदि. ...." बहुत सारे नुस्खे बता जाती है वह, जिनसे वह सुधर सकती है। पर मैं कोई सुधारक तो हूं नहीं। उससे प्रेम करता हूं तो उसके व्यक्तित्व के प्रत्येक पक्ष से प्यार करता हूं। यदि वह लापरवाह है तो भी अच्छी लगती है। यदि समय पर नहीं आती तो भी अच्छी लगती है। और यदि सहेलियों की बातों में बहक जाती है तो भी अच्छी लगती है.....(निष्कर्ष–यहां 'मैं' सच्चे प्रेमी का प्रतीक है)।

❑❑❑

कथा अग्निकांड की

घनी आबादी के मुहल्ले में एक मकान को आग लग गई। शरीफ़ आदमी के दिल के समान मकान जलने लगा। लपटें धड़ाधड़ आकाश छूने लगीं।

नगर निगम के विपक्षी नेता उसी मुहल्ले में रहते थे। शासक दल को खतरा लगने लगा कि कहीं विपक्षी नेता, इस बात का बतंगड़ बनाकर जनता को भड़का न दें और शासन को ही आग न लगा दें। धड़ाधड़ टेलीफोन हो गए और शासक दल के नेता महापौर के साथ आकर खड़े हो गए। महापौर के आने की सूचना पाकर पुलिस भी आ गई और फायर ब्रिगेड वाले भी। सब-के-सब ऐसे खड़े थे जैसे राष्ट्रीय गीत सुन रहे हों। और जनता खड़ी देख रही थी कि कोई कुछ करे।

जब कुछ नहीं हुआ और आग जलती रही तो वहां एकत्रित जनता ने महापौर से प्रार्थना की कि वे कुछ करें।

महापौर ने हाथ जोड़ दिए। बोले, ''मैं तो आपका सेवक हूं। देखिए, आपकी सेवा करने के लिए अवसर की प्रतीक्षा कर रहा हूं। मैं तो अग्निदेव का आभारी हूं कि उन्होंने आज मुझे आप लोगों के बीच आ खड़ा होने का अवसर दिया। भगवान करे, ऐसे अवसर रोज-रोज आएं ताकि मुझे आपकी सेवा का पुण्य मिले और आप अपनी आंखों से देखें कि विपक्षी मेरे विषय में जो प्रचार करते फिरते हैं, वह झूठा है।''

जनता बोली, ''आप धन्य हैं, नेताजी! अब तो सेवा का अवसर आया है, कुछ कीजिए! सारा मुहल्ला जला जा रहा है।''

महापौर बोले, ''आप देख रहे हैं कि मेरी ओर से कोई विलंब नहीं है। व्यवस्था पूरी है। पुलिस भी यहां खड़ी है और फायर ब्रिगेड वाले भी हैं। जैसे ही आग बुझेगी, फायर बिग्रेड वाले जले घरों में घुसकर लाशों को निकाल लाएंगे। फिर पुलिस वाले उनका पोस्टमार्टम करेंगे। पोस्टमार्टम रिपोर्ट की यह कहेगी कि ये लोग जलकर मरे हैं। तब हम नगर निगम की ओर से उनकी अंत्येष्टि करवा देंगे। तब आपका काम आरंभ होगा। आप लोग मेरी पार्टी के स्वयं सेवकों के नेतृत्व में प्रदर्शन करेंगे और

इस अग्निकांड के कारणों की खोज करवाने की मांग करेंगे। मैं आपकी बात मान जाऊंगा और एक खोज-कमीशन बनवा दूंगा। इससे अधिक और आप क्या चाहते हैं?'' महापौर ने बड़ी नम्रता से हाथ जोड़े और नेताई मुस्कान चेहरे पर चिपका ली।

महापौर की बात शत-प्रतिशत पूरी हुई। जब काफी घर जलाकर आग थककर बुझ गई तो फायर ब्रिगेड वालों ने धुएं पर नियंत्रण किया और गिनकर पच्चीस लाशें उन घरों से बाहर निकाली। पुलिस वाले लाशों को ले गए। डॉक्टर ने लिखकर दे दिया कि वे लोग जलकर मरे हैं और एक जमादार ने प्रत्येक लाश को चार-छह जगहों से चीर-फाड़ दिया। फिर प्रदर्शन हुआ और एक जांच-समिति बनाई गई।

जांच समिति ने अपनी रिपोर्ट में कहा कि अग्नि का आरंभ उस मुहल्ले के एक मकान के निचली मंजिल में स्थित प्रज्वलनशील पदार्थों के एक गोदाम में आग लग जाने के कारण हुआ है। वस्तुतः इस अग्निकांड के लिए दोषी और कोई नहीं, स्वयं मुहल्ले वाले हैं। आखिर उन्होंने अपने मुहल्ले में प्रज्वलनशील पदार्थों का गोदाम बनने ही क्यों दिया। उन्हें चाहिए था कि घनी आबादी के इस मुहल्ले में स्थित इस गोदाम के विषय में नगर निगम में जाकर शिकायत करते।

दूसरी बात, जो समिति ने कही, वह यह थी कि जनता ने फायर बिग्रेड वालों पर यह आरोप लगाया है कि वे लोग वहां खड़े रहे और उन लोगों को जलते हुए मकानों की ऊपरी मंजिल से जीवित लोगों को उतारने और आग बुझाने का कोई प्रयत्न नहीं किया।

समिति की दृष्टि में ये आरोप सरासर झूठ हैं। हमने फायर ब्रिगेड वालों से पूछताछ कर ली है। और उनका यह उत्तर हमें एकदम ठीक जंचा कि उन्हें यह सूचना दी गई थी कि यहां आग लगी है और उन्हें आग बुझानी है। उन्हें कदापि यह नहीं कहा गया था कि यहां ऊपरी मंजिल से जीवित लोगों को नीचे भी उतारना है। यही कारण था कि वे लोग आग बुझाने के लिए अपने साथ पानी तो लाए थे, पर लोगों को ऊपर से उतारने के लिए सीढ़ियां नहीं लाए थे। यही कारण था कि वे लोग ऊपरी मंजिल से जीवित लोगों को नीचे नहीं उतार सके।

जहां तक आग बुझाने का प्रयत्न न करने का आरोप है—हमारी समझ में यह भी झूठ है। जब फायर ब्रिगेड वाले घटनास्थल पर पहुंचे तो उन्हें बताया गया कि जलते हुए मकानों की ऊपरी मंजिल पर जीवित लोग हैं। ऐसी स्थिति में यदि वे लोग आग बुझाने का प्रयत्न करते तो पानी की मोटी धार के जोर से दीवारों के टूटकर गिर पड़ने की आशंका थी और ऊपर स्थित जीवित लोगों के उनके नीचे दबकर मर जाने की संभावना थी। अतः उन्होंने आग बुझने का प्रयत्न भी नहीं किया।

अंत में समिति ने कुछ सुझाव दिए थे।

हमारा पहला सुझाव है कि फायर बिग्रेड के कप्तान को घटनास्थल पर असाधारण सूझ-बूझ दिखाने और उचित निर्णय लेने के लिए विशिष्ट सेवा मेडल दिया जाए। और दूसरा सुझाव यह था कि इस अग्निकांड के लिए दोषी मुहल्ले-निवासियों, विशेषकर उनके मुखिया लोगों को, इस अपराधात्मक असावधानी का उचित दंड दिया जाए।

महापौर ने मुहल्ले के मुखिया लोगों को बुलाकर समिति की रिपोर्ट दिखाई और उन लोगों को उनकी असावधानी के लिए काफी डांटा-फटकारा। विशेषकर विरोधी दल के नेता को उन्होंने अच्छी तरह डांट पिलाई। बोले, "इसे पुलिस-केस बना दूं तो पांच साल को चले जाइएगा, असली नगर निगम में चक्की पीसने के लिए।"

"पर हमने तो नगर निगम में बीसियों बार लिखित शिकायत की है कि इस मुहल्ले में यह प्रज्वलनशील पदार्थों का अनधिकृत गोदाम है। इसे यहां से हटाया जाए। आप नगर निगम की फाइलें खोलकर देख लें। हमारे प्रार्थना-पत्र अब भी वहीं हैं।" मुहल्ले के मुखियों ने कहा।

महापौर का क्रोध कुछ शांत हुआ। बोले, "अच्छा! आप लोगों ने शिकायत की थी? मैं अभी पूछताछ करता हूं।"

महापौर ने उन लोगों को टालकर वापस भेज दिया। उन्हें पता था कि उस मुहल्ले का इंस्पेक्टर उनके अपने साले का भतीजा था, उसे असावधानी के लिए दंड दिलाना सुखी गार्हस्थ्य जीवन के नियमों के विरुद्ध था इसलिए सोचा, क्या पूछताछ करनी, बच्चा है, भूल गया होगा।

पर थोड़ी देर में उन्हें पता चला कि उसका तबादला किसी और मुहल्ले में हो चुका है। अब जो उस मुहल्ले का इंस्पेक्टर था, वह विपक्षियों का रिश्तेदार था। तब उन्होंने पूछताछ करने का निर्णय लिया।

"तुम्हारे पास उस मुहल्ले के लोगों ने शिकायत की थी?" उन्होंने पूछा।

"जी, की थी!" उसने कहा।

"फिर तुमने क्या किया?" उन्होंने फिर पूछा।

"जी, मैंने उस गोदाम के स्वामी को दस बार फाइन किया है और उससे पांच हजार रुपए वसूल कर नगर निगम के कोष में डाले हैं।" उसने बताया।

"पर तुमने पुलिस की सहायता से उस गोदाम को वहां से उठवाया क्यों नहीं?" महापौर ने उसे डांटा।

"जी!" उसने धीमी आवाज में कहा, "विपक्षी दल के नेता हैं न, गणेश प्रसाद जी। वे मेरे दूर के रिश्ते के चाचा होते हैं। वे इस रिश्ते के कारण मुझे आपके विरुद्ध भड़का रहे थे और चाहते थे कि उस गोदाम को मेरे माध्यम से हटवाकर वे उसका यश स्वयं लें और आपको बदनाम करें। पर मैंने उनकी एक नहीं चलने दी। मैं आपके विरोधी की सहायता कैसे कर सकता था?" वह चुप हो गया।

महापौर उसकी बात सुनकर चुप हो गए। लड़का सही बात कह रहा था। यदि गोदाम उठा दिया होता तो उसका यश गणेश प्रसाद को ही मिलता। और तब न यह आग लगती, न जांच-समिति बैठाने का यश उनको मिलता।

"एक बात और है," इंस्पेक्टर ने कहा, "मैंने अपनी इस फाइन वाली चाल से आपके विरोधी नेता के मुहल्ले के पांच हजार रुपए आपके नगर निगम के कोष में डाले हैं वह तो कहिए कि आग लग गई नहीं अभी हजारों रुपए और खींचता।"

महापौर का रोम-रोम पुलकित हो उठा। यह लड़का हीरा है—उन्होंने सोचा गणेश प्रसाद अपने दो-चार ऐसे भतीजे और नगर निगम में भर्ती करवा दे तो अगले चुनाव में वे उसे एकदम चित्त कर दें।

❑❑❑